用**情緒**解決問題，才能化阻力為助力

千江月 **編著**

不要讓心情
決定你的人生 | 全集

馬思想家西塞羅曾經寫道：「**人如果拋棄理智，就會受感情的支配；脆弱的感情氾濫到不可收拾，就像一艘船不小心駛入深海，找不著停泊處。**」
，生活中最糟糕的狀況，莫過於任由情緒牽著脖子走，凡事全看心情好壞做決定。
，當你準備處理事情之前，一定要記得先處理自己的心情，千萬不能任由心情代替理智做決定。

曾說：「**理性如果被感情掌控，就如同一個軟弱的人落在潑婦的手中。**」
，當情緒控制一個人的時候，理智就形同遭到綁架。當你考慮如何解決問題時，千萬不能帶著仇視、憎恨、憤怒……等等負面情緒，
就會淪為情緒的奴隸，做出讓自己後悔莫及的事。

出 版 序 ・千 江 月

不要用情緒去處理問題

面對不如己意的事情，一定要記得先處理好自己的心情，這將決定你最後是化阻力為助力，舉步向前邁進，抑或就此敗在惡劣的心情之下。

古羅馬思想家西塞羅曾經寫道：「人拋棄理智，就要受感情的支配，脆弱的感情氾濫到不可收拾，就像一艘船不小心駛入深海，找不著停泊處。」

確實，生活中最糟糕的狀況，莫過於任由情緒牽著脖子走，凡事全看心情好壞做決定。

因此，當你在考慮難以解決的問題時，千萬不能帶有仇恨、憤怒或嫉妒…等等負面情愫，在做任何重大決定之前，千萬不能讓心情代替理智去做決定。

吉布林結婚後，便在故鄉維爾蒙建了一棟很漂亮的房子，他決定和妻子凱洛琳在這個地方定居下來。

凱洛琳的舅舅就住在他們的隔壁，與吉布林非常投緣，很快地便變成了親密伙伴，不論是工作還是玩樂，兩個大男人總是形影不離。

有一天，舅舅問吉布林：「我有一塊牧草地，你有沒有興趣買？」

　　吉布林想了想說：「嗯，有塊牧草地經營也不錯。」

　　於是，吉布林以最便宜的價格，買下了舅舅的這塊草地。不過，他們有項協議，那便是吉布林願意讓舅舅繼續在草地上收割牧草。

　　從此，他們又愉快地度過了一年。

　　然而好景不常，有一天，舅舅發現吉布林將草地變成了花園，因此非常生氣，暴跳如雷地來到吉布林的家中指責他的不是。

　　吉布林也非常生氣，憤怒地說：「那可是我的草地，我想怎麼做就怎麼做，你無權干涉。」

　　大吵一架的兩個人，從此行同陌路，見了面也不打招呼。

　　過幾天，他們又因為一件事情鬧上法院。

　　這天，吉布林騎著腳踏車悠閒地在路上閒逛時，正巧遇見了舅舅駕著一輛馬車出現。說巧不巧，馬車忽然一個轉身，吉布林一個沒注意，就這麼從車上跌了下來。

　　這下子可不得了了，吉布林認為舅舅是故意的，便一狀告到法庭，請求法官將他的惡親戚捉起來。

　　大家都知道，在鄉下這種小地方，人們的嘴是堵不了的，很快地事情便傳遍了大街小巷，甚至還引來城市記者們的好奇。

　　事情最後不了了之，也因為這次的爭吵，讓吉布林與妻子決定離開這個曾經是心目中理想家園的地方。

　　然而，當新聞傳遍了各地之後，人們仍議論紛紛，因為，吉布林控告舅舅的最重要理由是：「他曾經多載了我一車牧草。」

凡事皆可商量，何必弄的兩敗俱傷呢？

　　不管是改變花園，還是多割了一車牧草，如果能事先做好溝通，相信最後的結局不會是這個模樣。

　　我們不也經常遇見這類情況，只爲了一件小事，鬧得不歡而散或反目成仇？似乎大多數人在事發的當下，都很難克制住自己的脾氣，冷靜地思考是否有更好的解決辦法。

　　人生最大的困境，其實就在於我們不懂得在處理事情之前，先處理自己的心情。成功的人，往往懂得控制自己的心境，失敗的人則容易困在情緒的框框裡作繭自縛。

　　面對不如己意的事情，一定要記得先處理好自己的心情，這將決定你最後是化阻力爲助力，舉步向前邁進，抑或就此敗在惡劣的心情之下。

　　波斯詩人薩迪曾經說：「理性如果被感情掌控，就如同一個軟弱的人落在潑婦的手中。」

　　的確，當情緒控制一個人的時候，理智就形同遭到綁架。當你考慮如何解決問題時，千萬不能帶著負面情緒，否則就會淪爲情緒的奴隸，在情緒主宰下做出讓自己後悔莫及的事。

　　值不值得生氣，很多時候其實是角度的問題。只要懂得轉換念頭，就會發現許多事實在不值得煩憂嘔氣，起伏不定的心情，也會因爲適時的轉念而變得平穩冷靜。

　　本書《不要讓心情決定你的人生全集》係作者舊作《不要讓心情做決定全集》的全新修訂版本，謹此向讀者說明。

1 PART 垂頭喪氣，如何找出生機？

不要把時間浪費在抱怨的情緒中，那不僅
會讓人更加迷失，還會讓人越來越失去信
心，在關鍵時候放棄自己。

2 PART 用愉快的心情面對人生

「投入」不是「蠻幹」，　「忘我」也
不等於「拼命」，保持愉快的心情，樂
在工作，自然能獲得出乎意料的成就！

3 用熱情取代抱怨的心情

PART

用熱情取代抱怨的心情，　能快樂工作的
人自然會有工作的熱情，　工作對他而言
不是件苦差事，而是一種生活上的趣味。

4 充滿勇氣就能創造奇蹟

PART

只要你有決心與勇氣，就會懂得借助
浪潮的起伏，趁著高漲的大浪，迅速
地到達成功的彼岸。

5 保持冷靜，才能做好臨場反應

PART

只要有實力，又有熱情，累積的經驗也差不多了，
任何突發的狀況都是表現才華的最佳機會。

6 等待是為了不再錯過未來

PART

在工作與財富之外，　我們還有許多經歷要
去體驗。學會等待，才能靜靜地享受蔚藍天
空帶給人的舒暢感受，也才能看見生命的美。

7
PART

沒有貪念就不會受騙

天下沒有白吃午餐，以為佔盡了對
方便宜的人，最後卻經常發現，自
己竟然損失更多。

8
PART

快樂工作是醫治病痛的良藥

不妨先放下手上的工作，仔細想想你要的是
什麼，只要你一想通了就別再猶豫。

9 再辛苦的難關也一定能走過

PART

時間一定會帶走所有困頓，所以我們一定要努力上進；只要一過了這個難關，下一步我們就會來到夢想的天空。

10 不要用破壞的方式追求滿足

PART

不必禪悟佛說，每個人都懂得什麼是犧牲的真諦，只要我們知道什麼叫做愛，知道該怎麼表現心中的無私大愛。

11
PART

不要被過多的期望牽絆

簡單果決地掌握住自己的需要,並確實地
將精神集中在一個目標上,然後我們才能
慢慢地讓心中每一個夢想都達到高峰。

12
PART

拋開名聲,才能享受人生

一夜成名、一夜致富很快地都會轉眼成空。
拋開名聲,你才能保有自我與生活空間,也
才能自由自在地享受人生。

垂頭喪氣，
如何找出生機？

不要把時間浪費在抱怨的情緒中，

那不僅會讓人更加迷失，

還會讓人越來越失去信心，

在關鍵時候放棄自己。

垂頭喪氣，如何找出生機？

不要把時間浪費在抱怨的情緒中，那不僅會讓人更加迷失，還會讓人越來越失去信心，在關鍵時候放棄自己。

有位美國學者曾經這麼說：「人生的目的只有兩件事：第一件是得到你想要的，第二件是得到之後要好好地享受它。不過，通常只有最聰明的人才能做到第二點。」

人生的目標確實只有這兩項，只是多數人在尚未達到目標前，便不耐煩地發出牢騷與埋怨，以致目標難以達成；即使目標已經達成，卻因為心中的貪婪，讓生命真正的樂趣一直囚困於追逐的疲憊中。

愛波在一九三四年春天，因為一個親眼目睹的景象，讓他的人生完全改變。

那年，因為一場金融風暴，他經營好幾年，好不容易終於有了一點成績的公司，頓時間化為烏有。

當時負債累累的他，頹喪地走在街上，無精打采地想著：「我該怎麼辦？我要到哪裡找錢來還債啊？老天爺，你為何要這樣捉弄我？」

當時，他正走出銀行，已經做了要回家鄉打工的準備，因為

在這個城市裡，他不知道自己還有什麼樣的機會。

　　愛波的步伐相當沉重，幾乎是用拖行的方式前進，受到嚴重打擊的他，已經完全失去了信念和鬥志。

　　忽然，垂頭喪氣的他一個不小心撞上了迎面而來的一個人，他自然而然地說：「對不起！」

　　在此同時，眼前的這個人卻給了他一個開朗的回應：「早啊，先生，今天天氣很好，不是嗎？」

　　愛波一聽，這才抬起頭仔細看看他的「巧遇」。

　　也許是上帝聽見了他的呼喊，所以派了這樣一位天使來救他，因為眼前是一個失去雙腿的男子，他坐在一塊裝有輪子的木板上，用著尚存的一雙手藉著輪子的滑動，奮力地沿街推進。

　　當他滿臉笑容地對著愛波時，愛波整個人完全被震懾住了，像是被定住了一般，在街角停格，心中不斷地湧現出一種刺激：「他沒有腿，卻能如此快樂、自信，我有腿，應該比他更快樂、自信，不是嗎？」

　　「我很富有的，不是嗎？我還有雙腿可以自由前進，我為什麼就看不見陽光呢？我一定要重新振作，我一定可以看見自己的陽光，跌一次跤算得了什麼，氣勢始終都在我身上，不是嗎？」

　　原本準備回鄉的愛波，決定繼續留在這個競爭激烈的大城市。憑著重新找回的信心和毅力，很快地，愛波找到了工作，也重新展開他的新生活。

　　看著故事中失去雙腿的殘障人物，仍然願意用微笑，笑看他的人生，回頭審視四肢健全的自己，你是否也感受到「不願面對自己」的羞愧？

曾經有個在太平洋上漂流了二十一天的男子，獲得救援後對朋友說：「在這次經驗中，我所得到最大的教訓是，只要有淡水就喝，只要有食物就吃，絕不浪費時間埋怨任何東西。」

　　不要把時間浪費在抱怨的情緒中，那不僅會讓人更加迷失，還會讓人越來越失去信心，更甚者還會讓人在關鍵時候放棄自己。

　　其實，只要人還活著，機會就還在，即使迷失在海洋中，只要手中還有一滴淡水可以喝，還有一口乾麵包可以吃，那麼我們都應該要滿心感激、好好珍惜，不該頹喪、放棄。

　　因為，生活的決定權始終都在我們的手中，即使跌得再深，我們仍然能找到一線生機。

凡事不要走一步算一步

成功的目標是由無數的步伐所完成，不過，沒有明確目標的步伐，再多的累積也只是錯印的足跡。

有位企業家曾說：「走一步算一步，那不能算是規劃。」

面對眼前和未來，你是抱著安於現狀，能進一步算一步的安逸態度，還是會給自己一個明確的目標，讓每一步都累積在達成夢想的基礎上？

在一個下著傾盆大雨的午后，有兩個結伴行乞的窮困青年，又冷又餓地倒在大街上，動彈不得，雖然有許多路人經過他們的身邊，但是卻沒有人願意停下腳步，關心倒在地上的兩個人。

這時，有位年輕的女醫生撐著傘，走了過來，還停下了腳步，仔細地看了看他們，接著還幫他們遮雨，直到雨停，才帶著他們去填飽肚子。

這位天使般的女醫生名叫露絲，她的這個舉動，不僅深深地感動了這兩個乞丐，更讓他們對她同時都產生了情愫。

為了得到這份愛，他們兩人決定展開一場愛的競爭。

這天，第一位乞丐深情地問著露絲：「小姐，妳可不可以告訴我，妳的男朋友是從事什麼職業嗎？」

只見露絲搖了搖頭說：「對不起，我沒有男朋友。」

於是，第一位乞丐又問：「那妳希望未來的男朋友是做什麼的呢？」

露絲側著頭，想了想：「嗯，最好是位名醫師吧！」

第一位乞丐聽到後，點了點頭，若有所悟地離開了。

接著，第二位乞丐也跑來了，他向露絲表白道：「小姐，我愛妳！」

露絲被他的驚人舉動嚇了一跳，連忙回答說：「對不起，我不會愛上一個不愛衛生的人。」

第二天，這位乞丐又出現在露絲眼前，不過，這次他不僅梳洗乾淨，還穿上了一套全新的衣裳。

只見他認真且嚴肅地對露絲說：「小姐，我真的很愛妳！」

露絲滿臉尷尬地說：「對不起，我不會愛上一個沒錢的人。」

第二位乞丐一聽，滿臉失望地離開了，從此以後，好幾天都沒有再出現。

過了一段時間之後，這位乞丐忽然興高采烈地出現。他對露絲說：「親愛的，我中了頭獎，有五百萬耶！這次，妳能接受我的愛了吧！」

但是，露絲仍然不為所動，平靜地說：「對不起，你不是醫生，我想，我只會愛上一位醫生。」

過了幾年，第二位乞丐忽然又出現了，而且這次他還神奇地帶著一張醫師的執照證明出現。

他神氣地站在露絲的面前說：「親愛的，我想妳現在願意嫁給我了吧！」

沒想到露絲這次卻說：「對不起，我已經嫁人了。」

說罷，露絲便挽著她身邊的丈夫，走進了醫院的大門。

這時，第二位乞丐仔細地看了她的丈夫一眼，原本沒看還好，這一看差點就昏了過去。

因為，女醫生挽著的人，竟是當年與他搭伴行乞的第一位乞丐，如今他居然成為這家大醫院的院長。

這樣的結果讓第二位乞丐非常不服氣，怒氣沖沖地質問第一位乞丐：「你到底用了什麼魔法？」

第一位乞丐冷靜地說：「你聽好了，我用的是心，而你用的卻是計謀，我的心始終是朝著一個方向，而你因為太過急功近利，眼裡只有貪婪和慾求，以致於看不見真正的目標。」

看著故事中的兩個主角，雖然兩個人的最終目標一樣，然而，第二位乞丐急躁短視，以為每一步都計算妥當，以為走一步便算前進了一步，但始終都沒有發現，事實上，每當他完成一步之後，等於又退回到了原點。

相較於另一位成功者，他不僅將愛意昇華，更懂得先找出未來目標，然後努力實踐，這樣的遠見、規劃與勇往直前的毅力，當然能按部就班地完成並實現他的目標。

坐在辦公桌前的你，究竟像其中的哪一位呢？

雖然，人生的路是一步又一步累積出來的，成功的目標也是由無數的步伐所完成，不過沒有明確目標的步伐，再多的累積也只是錯印的足跡。

選擇生命中真正需要的

每個人都有自己的價值觀念，什麼才是我
們真正需要的？全都決定在我們現在對生
命與生活的選擇。

星雲大師曾說：「無病是最大的利益。」

看看身邊的那些老人家，當你同時看見一個渾身是病的可憐
老人，與一個依然健步如飛的老人時，在你心中，除了比較後產
生的同情外，從中是否也得到了一些啓發？

在湯普森急救中心的大廳裡，掛著這樣一句話：「你的身軀
龐大，但你生命中眞正需要的僅僅是一顆心臟。」

這句話是美國好萊塢影星里奧・羅斯頓所留下來的名言。

那年，他在英國演出時，因爲心肌衰竭而被送進這家醫院，
搶救他的醫生們雖然用了最先進的醫療配備，但最後仍然沒能挽
回他的性命。

臨終時，他不斷地喃喃自語，說的正是這句話。

巨星隕落，這家醫院的院長、胸腔外科專家哈登也非常傷心，
當他聽見羅斯頓的這段遺言時，便決定把他刻印下來，並放在醫
院裡最醒目的地方，希望能讓後人有所啓發。

羅斯頓去世的第四十年，美國的石油大亨默爾也因病住進了

這家醫院，患的也是心肌衰竭。

不過，他的運氣比里奧‧羅斯頓好許多，一個月之後，他終於病癒出院了。

但是，出院後的他卻沒有回到美國，繼續經營他如日中天的石油生意，而是賣掉了自己的公司，來到蘇格蘭的一間鄉下別墅，過著平淡的生活。

有一年，默爾參加湯普森醫院的百年慶典時，有位記者問他：「當年您為什麼要賣掉如日中天的公司？」

默爾微笑地指著大樓上的那句話，答道：「是里奧‧羅斯頓提醒了我。」

之後，默爾在他的傳記裡解釋：「巨富和肥胖並沒有什麼兩樣，它們一樣都是讓人獲得超過自己需要的東西罷了。」

原來，默爾由肥胖聯想到了巨富，頗有見地的他，不僅看見了多餘脂肪壓迫心臟的可怕，更看見了多餘的財富將拖累心靈的可能。

悟性頗高的默爾，其實真正要告訴我們的是：「如果你想活得健康一點、自在一點，你必須把巨富和肥胖都捨棄。」

忙碌追求財富的現代人，經常因為太過忙碌而忽略了正確的飲食態度，於是我們不斷地聽到或看到，許多辛苦大半輩子的人雖然財富豐收，在豐收的同時，卻也讓財富回收了他們的健康與生命。

每個人都有自己的價值觀念，然而看著故事中驟然病逝的羅斯頓遺言，我們是否可以想想，什麼才是我們真正需要的？是融洽的親情、健康的笑容，還是你寧願渾身疲態地坐在金銀珠寶中？

我們出生不是爲了與人競爭或追逐物質，因爲再多的競爭始終都爭不過生命的消耗速度，再多的物質追逐最後也要化爲烏有，然後，我們也將變成被青春拒絕的老人。

　　只是，最後的結果是健步如飛，還是躺在床上奄奄一息，全都決定在我們現在對生命與生活的選擇。

在工作中發現快樂的元素

 改變自己的工作態度，不再心生埋怨，每
天出門時不忘記帶上笑容，我們自然而然
會感受，甚至營造出歡樂的工作氣氛。

生活是否能過得快樂，向來只有我們自己的心態才能決定；
而工作是否能充滿愉快氣氛，向來也只有靠我們自己營造。

「終生成就獎」是日本國家級的大獎之一，相較於其他重要
獎項，對一向把榮譽看得比自己生命更為重要的日本人來說，這
項獎座更是人人夢寐以求的。只是，想得到這項殊榮並不是件容
易的事。

許多日本社會中的精英，一輩子都以「終生成就獎」為努力
奮鬥的目標，正因為有如此鍥而不捨的精神與明確目標，我們也
才能不斷地看見，專心而專業的日本人，不僅為自己創造出非凡
的成就，更因為他們突出而卓越的專業技能，讓世界各國都忍不
住要說：「還是日本的品質好！」

有一次，在舉國上下都引頸期待與矚目的氣氛中，新的「終
生成就獎」名單再次出爐了。但是，這次的得獎人卻令許多人跌
破眼鏡，因為他們竟然頒發給一位名叫清水龜之助的郵務士。

資料顯示，清水龜之助是東京的一位普通郵務士，他每天的

工作只是將各地收集來的郵件，正確無誤地迅速送到每一位收件者的手中。

正因爲這項工作看起來相當平凡，更沒什麼挑戰性與突破空間，與人們原本預期的，應該會頒給長期推動人類發展的科技專家們，實在差距太大了。

於是有人質疑：「那個清水龜之助從事的工作，根本是微不足道啊！」

不久，頒獎人終於說出了清水龜之助得獎的原因：「沒錯，清水龜之助的這份工作確實微不足道，甚至可說是平淡無奇。然而，清水龜之助能夠獲得這個獎項的原因和過去所有的得獎人一樣，絕無爭議。」

這時其中一位評審站了起來，對著鏡頭說：「因爲，他從第一天工作開始到今天，那份認眞與執著始終如一，在他手中送出的郵件已經有億萬件。」

頒獎人點了點頭，接著說：「更重要的是，這億萬份的郵件全都安全無誤地抵達收件者的手中，他從來沒有出現過任何差錯，即使遇到了狂風暴雨或酷暑嚴冬，他都從未請過一天病假。甚至在幾年前發生大地震的那天，他還是堅守著自己的任務，將手中的郵件全部一一送到收件者的手裡。」

聽完評審們的這番解說，大家全都忍不住起身鼓掌，所有人也終於明白這個獎項的眞正意義了。

有人曾經問清水龜之助：「面對這樣平淡的工作，爲什麼你能做得那樣開心，還能數十年如一日地做好它？」

只見清水龜之助微笑地說：「會平淡乏味嗎？不會啊！我每天都過得很快樂啊！我每天從工作中得到的快樂可多著呢！你知道嗎？每當人們接到遠方親友寄來的信時，臉上那份發自內心的

快樂和欣喜表情，實在相當動人。為了天天都能看見這些快樂而美麗的表情，我當然要更加努力囉！」

　　看見清水龜之助能如此快樂地工作，相信羨煞了不少人吧！

　　或許，你也很想和清水龜之助一樣，擁有如此快樂的工作氣氛和喜悅吧？

　　從清水龜之助的工作態度中，我們明白，原來生活不會有平淡的時候，一切的平淡滋味，其實是源自於我們對工作漠視。因為不懂得從工作中發現樂趣與價值，所以才無法像清水龜之助那般，盡情地享受工作中的樂趣。

　　希望工作充滿快樂一點也不難，只要我們能改變自己的工作態度，不再心生埋怨，每天出門時不忘記帶上笑容，那麼我們自然而然會感受，甚至是營造出歡樂的工作氣氛了。

　　正在工作崗位上忙碌的你，從清水龜之助的工作態度中，是否也看見了工作中的快樂元素呢？

放下包袱才能輕鬆上路

放下該放下的,也丟開不必要的擔心吧!
輕裝上路,你才能快樂前進,也才有足夠
的力氣與空間,容納沿途發現的珍寶。

在人生各個階段中,定期解開你身心上的「包袱」,才能隨時找到減輕壓力、負擔的方法。

有一年,英國著名作家理查・賴德和一群好友相約,準備到東非去探險。

抵達目的地時,他們這時才知道,東非正逢乾旱,氣候酷熱難耐,這趟旅程恐怕會比想像中的還要艱辛、漫長。

為了生活上的方便,與安全地抵達目的地,理查在出發前,追加了許多生活用品。看著滿滿的物品,理查對自己如此周全的準備相當滿意,因而對朋友們說:「對於這次的旅程,我已經做好充分的準備了。」

只見,理查和友人們背起了大小行囊,來到了東非的一個小村子,並尋找這次探險的導遊。

不久,當地的酋長帶來了一名經驗豐富的村民。

出發前,他們依照慣例,請導遊檢查他們的裝備是否齊全。

然而,就在檢視理查的行囊時,導遊突然停下動作,轉身問

道：「理查先生，你認為，你有必要帶這麼多沉重的東西嗎？你認為，這些東西能為你帶來安全和快樂嗎？」

理查聽見時，忽然楞住了。

看著塞爆物品的背包，剛剛背著它走路，確實是件沉重的負擔，未來還有好長的一段路要走，肯定會更加辛苦。

為此而陷入沉思中的理查，忽然想到：「背著這麼多的東西上路，真的有必要嗎？這些東西真的都是必要的嗎？背著這麼多的東西，會讓我的旅途充滿快樂嗎？」

於是，理查再次整理他的背包，更發現背包裡的東西的確有很多是非必要的，只是他仍有點遲疑，導遊見狀忍不住又說：「輕裝上路吧！」

理查一聽，笑著點了點頭，將所有不必要的東西全拿了出來，贈送給當地的村民，一下子讓原本沉重的背包縮小許多，當然也變輕了許多，而他也發現，自己在情緒上似乎也有了小小的變化，那是一種卸去重擔的快感，減少束縛的自在感。

少了負重前行的疲累和煩惱，這趟旅途對理查來說，無疑是全新的體驗，因為輕裝前進而變得輕鬆愉快，雖然氣候酷熱，心情卻滿是喜悅，觸目所及更是處處皆趣味盎然。

這次經驗也讓理查深刻地體悟到：「生命裡填塞的東西愈少，就愈能發揮潛能。」

因為「擔心」，我們總是不斷地給自己不必要的壓力，也因為「放不下」的心情，讓我們經常背負著不必要的沉重包袱。這些都是拖累我們生活步伐的重要原因，也是阻礙我們思維靈活變通的主要原因。

「你快樂嗎？」當故事中傳遞出這樣的疑問時，你是否也忍不住重新審視著自己，發現自己看見了什麼問題？

　　你是否也和導遊一樣有著相同的反思：「身上背負著那樣沉重的包袱，怎麼能輕盈前進，享受旅途中的美麗呢？」

　　放下該放下的，也丟開不必要的擔心吧！輕裝上路，你才能快樂前進，更重要的是，你也才有足夠的力氣與空間，容納沿途發現的珍寶。

不要讓生活有生鏽的機會

生活中最快樂享受的事，不是事業上的成就或財富的累積，而是了解生命的價值，且積極地享受生活的樂趣。

　　無論我們的生命狀態如何，只要生命尚未結束，我們都要用最積極的態度面對人生、享受人生。

　　一九八一年，美國第四十八屆總統大選中，五十七歲的卡特被共和黨的雷根擊敗，一時間，卡特感到有些茫然不知所措。

　　雖然他的退休年薪，足夠他安享晚年，但是卡特卻不想如此虛度，很快地，他重新振作，將生命的活力投注在木匠生活中。

　　他開始爬上屋頂，為窮人們整修房屋，還親手製作桌椅、板凳來餽贈親友，手藝一點也不比巧匠遜色。

　　不久，種花生出身的卡特在亞特蘭大創建了卡特中心，提供窮苦人家各種服務，例如免費的醫療服務，或是治蟲救災，還傳授農作物技術，讓他們學會一技之長。

　　此外，卡特也投入國際事務，經常擔任總統特使，奔走於中東地區，最後榮獲諾貝爾和平獎。

　　他在《晚年的優勢》一書中寫道：「把這幾年和我擔任公職期間相比，我從總統職位上退下來後的成就更大，日子也比當總

統時活得更自在。」

　　書中，他還給讀者一個建議：「不要把物質財富視爲衡量成功與失敗的標準，有許多我們看不到的東西，其實都要比物質財富更加重要。這些看不到的重要東西就是：正義、謙和、奉獻、寬容、同情和愛心，這些才是衡量生活的重要標準。」

　　連後來卸下美國總統一職的柯林頓，面對自己的「下台」生活時，也這麼對記者表示：「卡特總統是一個很好的榜樣，希望在離職後，我不會成爲一顆生鏽的釘子。」

　　從未停止追求、勞動和奉獻的卡特，不僅讓晚年的生活更加充實豐富，更讓他的人生變得更加完整、美麗。

　　我們經常看見許多人，在生命的尾聲中不斷地增亮生命餘光，他們不僅積極學習，也更勇於突破自己，歷經了大半人生，他們一點也不願意生命就這麼草草地結束。

　　他們其實和卡特一樣，對自己都有著相同積極而樂觀的期許：「不要讓生活生鏽了！」

　　曾經有位八十幾歲的老奶奶如此說道：「年紀都這麼大了，如果還老是顧慮那麼多，那活著還有什麼意思？都這麼老了，如果不好好把握住現在，還能把握住什麼？」

　　這位老奶奶便在家人的支持下，不僅前進北極，還曾到亞馬遜河探險，這樣的活力和精神相當動人，更讓一向自負年輕的我們相形見絀。

　　從卡特的人生體悟中，我們明白，原來生活中最快樂、最享受的事，不是事業上的成就或財富的累積，而是了解自己生命的價值，並且積極地享受來自生活的各種樂趣。

藏在兩顆蘋果裡的奇蹟

每個人身上，必定都會有一項天賦，也許它不受人們認同與肯定，但只要有我們自己的肯定，它就一定會有伸展的機會。

　　沒有人應該被放棄或否定，除非我們自己先放棄了自己。一如人人擔心的喜憨兒，只要我們和他們一樣不放棄，一定能成功地擎起自己的一片天空，並快樂地乘雲悠遊於各自的人生。

　　出生在巴黎一個貧困家庭的貝爾蒙多，是個學習較為遲鈍的小孩，一直學無所成的他，讓母親十分擔心。

　　十幾歲的時候，貝爾蒙多被迫輟學，面對母親疲憊的臉，他除了懊惱沮喪之外，就只能把家收拾得一塵不染或做些小點心，期望能用這些表現來博得母親的寬心微笑。

　　有一天，他用心將蘋果做成美味可口的小甜點，希望能得到母親的稱讚，但是，沒想到這番美意反而讓母親對他更加憂心，看著兒子無心於功課，她只好放任不管了。

　　不久之後，貝爾蒙多在一個偶然的機會裡，應徵到巴黎的一家豪華酒店工作。由於貝爾蒙多的長相普通，又無特殊才能，總是被指派做一些雜務，沒有任何一點發展的機會，直到他被調到餐飲部門，做甜點大師的助手後，情況終於有了改善。

剛開始，他負責一些洗滌水果或配調料的瑣事，後來，甜點師傅也會讓他學習一些製作點心的技巧。

這個機會對貝爾蒙多來說，可說是得心應手。

當時，他唯一會做的一道甜點，是長久以來最常製作的蘋果點心，就是將兩顆蘋果的果肉塞進一顆蘋果中，而這份充滿巧思的甜點，吃起來有著一種特別的香甜感覺。

這天，這道特別的甜點被一位貴夫人發現了。她品嚐之後非常喜愛，當她知道是新人貝爾蒙多的傑作後，從此便不斷地鼓勵這個憨小子。當然，這個機遇是貝爾蒙多人生的關鍵，因為從那天開始，貝爾蒙多的信心大增，開始不斷地製作出各種美味、可口的小甜點。

由於夫人特別鍾情貝爾蒙多的手藝，每次來這裡居住時，都會特別點名貝爾蒙多做的甜點。酒店每年都會重新審核員工並進行淘汰，貝爾蒙多因為手藝被發現，讓他站穩了工作地位與機會，貝爾蒙多說：「這要感謝夫人的賞識！」

到了年終之時，酒店按照慣例舉行了一場慶典，這天每個廚師都要做一道自己最拿手的菜。

當貝爾蒙多出現時，手上也捧著他最愛的一道甜點，那是一道為母親特別發明的蘋果甜點。

他看著家屬席上的母親，淚盈盈地說：「我知道自己是一個很普通的人，即使我曾經想為母親帶來一點點不同，但是始終都不能成功。如今，我總算在這個平凡的工作中爭得了一席地位，而這一切都要歸功於十年前，我為母親做的這道甜點。」

這時，年邁的母親含著淚，一口一口地細細品嚐這道遠近聞名的招牌佳餚，而她也終於明白，她的寶貝兒子並不是一個普通人，當年她忽視了他，所幸上帝並沒有輕視他。

雖然上帝只是給了他兩顆普通的蘋果，但是聰明的貝爾蒙多卻知道如何用這兩顆蘋果創造不凡。

看著故事中的淚水，你是否也感動得想試試這個蘋果甜點的滋味？

每對父母親對孩子們的期望幾乎一樣，盼望孩子們能有一個美好的未來，期許孩子們能光宗耀祖，更期待孩子們能有一些非凡的成就。

只是，期望這麼多，難免會有失望的時候，但是，只為了一個小小失望就要放棄孩子，妥當嗎？

沒有人應該被放棄，至少我們不能放棄自己！

因為，在每個人的身上，必定都會有一項天賦，也許它不受人們的認同與肯定，但只要有我們自己的肯定，它就一定會有伸展的機會，也終會有得到別人肯定的一天，就像用兩顆蘋果開創非凡人生的貝爾蒙多一般。

不要用金錢的角度衡量事情的價值

有付出就應當有回饋，不要從金錢的角度
去衡量事件的價值，因為其中真正的價值
是你的付出。

雖然大家都知道「職業不分貴賤」的道理，但是日常生活中，
我們還是會聽到有人忿忿不平，不是抱怨自己的工作比別人卑賤，
就是抱怨收入比起別人少得可憐。

其實，「勞力之財不自卑」，只要是理所應得，我們就不必
在乎收得的是大錢小錢，或是自己的工作卑微與否。

因為，其中的價值衡量始終都在我們的心中，正如出身於「小
人儒」階級的孔子，不也曾大方地說：「吾少也賤，故多鄙事。」

在一個又髒又亂的候車室裡，有一位滿臉疲憊的老人家，正
坐在靠門邊的位置，只見他的全身都是塵土，鞋上也沾滿了污泥，
似乎剛走完一段漫長又辛苦的路途。

當列車緩緩進站，站務員開始剪票，老人家也急忙地從座位
上站了起來，準備前往剪票口。

忽然，有位胖女人提著一個很大的箱子走了進來，似乎是趕
著要搭上這班列車，問題是箱子實在太笨重了，累得她不斷地喘
氣，不時停下來休息。

這時候，胖女人瞥見正在前進的老人家，連忙衝著他喊道：「喂，老頭子，麻煩你幫我提一提這個箱子，我待會兒會給你小費。」

老人家回頭看了看，便走過去幫忙，並一塊兒和胖女人朝著剪票口方向走去，當他們才剛踏入車廂，火車便啟動了。

胖女人這時抹了抹汗，慶幸地對這個老人說：「多虧你了，不然我肯定要錯過這班車子。」

說著，她拿出一塊美元給老人家，老人家也微笑地接過。

這時列車長走了過來，看見了老人家，便笑著問候：「洛克菲勒先生，你好啊！歡迎您乘坐本次列車，有沒有需要我幫忙的地方呢？」

「謝謝，不用了，我只是剛完成一趟為期三天的徒步旅行，現在我要回紐約了。」老人家客氣地回答。

「什麼！洛克菲勒！我竟然讓著名的石油大王提箱子，還給了他一塊美元的小費，我這是在做什麼啊？」

胖女人忽然驚聲叫喊道，接著又連忙向洛克菲勒道歉。

只見洛克菲勒笑著說：「夫人，妳不必道歉，妳沒有做錯，這一塊美元是我賺來的，所以我必須收下。」

說著，洛克菲勒鄭重地將這一塊美元，小心翼翼地放進了口袋裡。

從胖太太和石油大王洛克菲勒互動的這則軼事中，我們其實看見了人們對於價值認定的不同。

就胖太太的觀念裡，也許我們也和她想的一樣，那樣有錢的人對這區區一塊錢肯定不屑，說不定還會感到被羞辱。

但事實上，對身為成功企業家的洛克菲勒來說，有付出就應當有回饋，所以他在故事中的表現意義，正是要說：「財富的價值並不在於金錢數字上，而是在交換金錢時的那個付出，即使只有一塊錢，也理應得到，一點也不需要因此而感覺羞愧。」

我們再將之延伸，其實故事中的旨意是要告訴我們，不要從金錢的角度去衡量事件的價值，因為其中真正的價值是你的付出，至於洛克菲勒的成功，正在於他懂得什麼是「取之有道，理所應得」的道理。

用愉快的心情面對人生

「投入」不是「蠻幹」，

「忘我」也不等於「拚命」，

保持愉快的心情，樂在工作，

自然能獲得出乎意料的成就！

愉快的心情讓工作更有效率

態度不同，我們的成就便差了十萬八千里。一個微笑，我們的工作活力便增加了好幾倍。

每當你一走進辦公室時，心中最常出現的是什麼念頭？

是開心地想：「太好了，一天又開始囉！」

還是這麼想：「唉！昨天都沒睡飽，今天又要開工了。」

也許這兩個想法你都曾出現過，那麼請再回想一下，哪一個讓你一天的工作效率與情緒都處在最巔峰的狀態呢？

諾曼是公司的業務主任，從辦公桌上的零亂情況，可以看出他的忙碌。他總是滿桌子的合約文件，電話機上閃爍著等候接聽的燈。忙碌的情況，連坐在他面前等待商談合約的人都忍不住說：「要不，你先接電話吧！」

諾曼笑著說：「沒關係，我的秘書會處理，我們先把合作事宜解決，才是最重要的。」

合約簽定後，諾曼翻了翻記事本，上面寫著他一天的約會。他接下來要參加另一個重要會議，並與該公司的董事吃午餐。再來他還要花好幾個鐘頭，規劃一個新的企劃案。之後，他還要回覆幾封重要的信函……

如此大的工作量，許多人看了都不免同情地說：「主任真是辛苦，要是我，肯定吃不消！」

不過，對諾曼而言，這樣的生活非常的充實，因為他勝任愉快。不管工作有多繁雜，他都不會讓「混亂」的情況發生。同事們看著他進進出出，不斷地下達指令，從來都沒有出錯，臉上盡是輕鬆愉悅的神情。

每當其他人不可思議地讚美他：「你的能力實在太強了！」諾曼總是靦腆地笑一笑，回答說：「有嗎？我不過是盡全力，把當天的事做好而已啊！」

就像最忙碌的今天，他可以認真地聽著新客戶的意見與問題，盡其所能地回應他們的需求與疑問。談完一個段落後，他接起電話，簡單扼要地回應電話彼端的需要，只需幾秒鐘的時間，便結束通話，繼續與現場客人互動。

其實，那通電話的時間，正是故意給現場客戶一個思考的時間，讓他們商討修正後的合約內容。

諾曼問：「你們滿意嗎？」

客戶點了點頭，於是諾曼在愉快而輕鬆的氣氛中，又簽成了一個合約。

凡事都能亂中有序，是諾曼的工作特點，如此簡捷有效率的工作，自然讓他順利地達到成功的目標。

有些人手上只是多了一件事，就足以讓生活秩序大亂，更別提像諾曼一樣，同時進行這麼多事，還能不出狀況，順利完成。

為什麼我們不能，而諾曼能呢？

因為，工作量一多，我們的第一個情緒反應，便是滿肚子的

怨氣，抱怨：「工作量那麼大，怎麼做得完？」

至於諾曼，我們從他的笑容裡便可以看見，不管工作量多大，他都能保持愉快、輕鬆的情緒。即使任務繁雜，責任重大，他都有信心能完成。

態度不同，我們的成就便差了十萬八千里。一個微笑，我們的工作活力便增加了好幾倍。

能用微笑面對工作，比能力高低更重要。懂得管理EQ，比IQ成長更重要，生活充滿自信與愉快心情的人，沒有什麼事是無法解決的。

積極地讓生命發光發熱

 別害怕偶遇的困境，也不要用頹喪的心情做決定因為危機便是轉機，越是艱難的時刻，也是我們最接近成功的時候。

　　所謂的「時不我予」，其實是那些消極喪志者的藉口，成功者莫不是積極進取、奮發向前的。

　　反觀自己，你的人生是積極還是消極，其實也是在一念之間。

　　有個名叫梅凱的學生，因為患了嚴重的病住進醫院治療。同學們聽說他住院，紛紛到醫院去探望、陪伴他。

　　同學們看見班上最健康、活潑的梅凱，如今變得面黃肌瘦，一副病懨懨的模樣，都非常同情，幾乎天天都去探望他。

　　然而，這天有個同學卻說：「你們有沒有發現，當我們去探望他時，我總覺得他似乎很不歡迎我們。從他的眼神中我居然還看到一絲敵意，現在我跟他聊天，都有一種很不自在的感覺。」

　　當大家也發現這個情況後不久，梅凱的病房開始掛起一張「謝絕訪客」的牌子。同學們一看見這張牌子，個個都非常緊張，以為梅凱的病情加重了。

　　還好，醫生解釋說：「他很好，只是不想再受到打擾，所以請求我們掛上這張牌子。」

原來，親友們的探訪非但沒有鼓舞他，反而讓他對於自己的身體狀況，越來越覺得苦悶、自卑，不想再見任何人。

　　沉悶的情緒一點也無助於病情的康復。心情一點也開朗不起來的他，只想一個人獨自靜靜地面對這一切。誰知終日鬱鬱寡歡的他，居然開始出現厭世的念頭。不過，他很幸運，因為今天來了一位新護士，她了解梅凱的情況後，決定幫助他重燃希望。

　　這天她對梅凱說：「梅凱，我有一件事想拜託你，可以嗎？」

　　梅凱懶懶地看著她，說：「好啊，什麼事？」

　　護士說：「前幾天，醫院裡來了一位女孩，她由於感情受創，身心受到極大的創傷，現在的心情一定非常苦悶。我想請你寫幾封信鼓勵她，相信這對她的病情會有益的，好嗎？」

　　梅凱想了想，點頭說：「好！」

　　於是，梅凱為這個「女孩」，寫了一封又一封的信。

　　他編造自己曾與她擦身而過，從那天開始，便時常想起她，還說得知她的病情之後，便寫了這封信，希望與她一起抵抗病魔。

　　梅凱不知不覺中改變了，他相信有個女孩，因為他的鼓勵，重新燃起生命的希望。他更期待有一天，能與這個「筆友」展開一段美好的情誼。

　　梅凱寫了許多封信，雖然女孩從未回信，但他還是在信中不斷提及：「等我們康復了，一定要一起到公園裡散步喔！」

　　透過分享，梅凱的身體狀況也越來越好了，很快地，他便收到了可以出院的消息。就在準備出院的前一天，梅凱向護士詢問女孩的情況：「不知道她的病情如何？我可以見她嗎？」

　　護士微笑地說：「可以啊！她的病房在四一四。」

　　梅凱開心地來到四一四病房的門前，他終於可以見到這個女孩了。

但是，門一打開，裡面卻沒有人，梅凱緊張地跑出來問其他的人：「請問，裡面住的那位女孩呢？」

護理人員回答說：「這間病房已經空很久了啊！之前住的是一位老先生，沒有女孩啊？」

梅凱失望地走出醫院，就在他回頭看醫院時，忽然恍然大悟：「啊！一定是那位護士小姐！」

是啊，正是這位好心的護士小姐，為了幫助他早日康復，要他透過「分享生活」的方式，在給予別人希望的同時，也給自己一個希望。她虛構了一個與他同病相憐的女孩，讓他明白，病痛不是只有他一個人，還有許多人也是如此，何不用更積極的態度面對呢？

透過分享，男孩學會了積極生活的最好方式。不管生活多麼艱難，病痛多麼辛苦，最終也要靠著自己的力量，重新燃起希望，重新再站起來。

遭遇病痛應當如此，想成大業的你，也該用積極的態度面對困難。就像古今名人所說的，別害怕偶遇的困境，也不要用頹喪的心情做決定，因為危機便是轉機，越是艱難的時刻，也是我們最接近成功的時候。

用愉快的心情面對人生

「投入」不是「蠻幹」，「忘我」也不等於「拚命」，保持愉快的心情，樂在工作，自然能獲得出乎意料的成就！

每個人追求的目標都不會相同，結果當然也南轅北轍。

有的人最在意眼前的腳步是否踩得踏實，有的人則是沉浸在尚未達到的成功與財富當中，雖然腳步也走得很快很急，卻老是忘記留心腳下的步伐是否走得穩健。

不知被什麼事情困擾的馬克・科斯達，坐在休息室裡發呆。達達一走進來，看著滿臉困惑的他，關心地問：「怎麼了？有什麼問題嗎？」

馬克抬頭看著達達，問道：「怎麼他能那麼陶醉在工作中，而我卻這麼辛苦呢？為什麼我付出那麼多，成績卻總是差他一截呢？為什麼……」

達達聽著馬克的自言自語，連忙打斷他的疑問：「因為方法不同！」

馬克一聽，更加困惑了：「方法不同？難道我還不夠努力？」

達達說：「不是你不夠努力，而是你只是盲目地做牛做馬，根本沒有投入工作中，你知道嗎？」

馬克抗議說：「我怎麼沒有投入？」

達達笑著說：「別生氣，我是在分析你的工作情況。其實，辛勤工作並不表示你真的投入了工作中。像是砌牆的工人，有人默默地埋頭苦幹，但是心裡卻充滿著『無聊、好累』的想法。有人則是一面工作，一面想像著牆砌好後的面貌，甚至還會開心地規劃著，完成後要種植玫瑰或藤蔓，讓花草美化這面牆。所以，在努力砌牆的同時，已經看見了努力的成果。前者，雖然拚了命地工作，但卻完全看不見努力付出後的果實，因為眼前的工作對他們而言，與苦刑差不多。」

馬克看著達達，雖然嘴角動了動，卻一句話也說不出來。

達達問：「你在工作時，心中想的是哪一個情況呢？」

馬克低著頭，苦笑了一聲。

達達微笑著說：「全神投入工作中有很多情況，有人像牛一樣，辛苦地在工作上打轉，卻一點進展也沒有。有人則是真正地投入工作中，除了辛勞付出外，還會讓自己不斷地提升，讓能力越來越精進，工作對他們來說，從來不會無聊乏味，反而是趣味無窮。」

馬克無奈地說：「我知道態度很重要，卻不知道要如何改正才好。」

達達說：「先忘記你追求的名與利吧！當你到了『忘我』的境界，就會知道根本不必想太多。」

有個心理學家問了一百七十五位職業棋手、舞蹈家和運動員，題目是：「為什麼你能陶醉在工作中？因為可以獲得名利？還是為了贏得勝利？」

結果答案是，他們只知道投入工作和比賽，過程中從未想過名利與輸贏。

　　這就好像我們常說的「黑馬」一般，在不被看好的情況下，「黑馬」也不會想太多，只會告訴自己：「別管輸贏，只要盡了力就是成功！」

　　他們真正要突破與爭取的，不是最後的獎賞，而是自己是否比上一次更好。他們不會計較付出，只知道一次要比一次更進步，所以不僅能突破自己的成績，更能超越別人的評估，為自己換得真正的勝利果實。

　　「投入」不是「蠻幹」，「忘我」也不等於「拚命」，保持愉快的心情，樂在工作，自然能獲得出乎意料的成就！

別用情緒解決問題

 在職場上，聰明的人不會用情緒來面對事情，不管事情合不合理，即使要據理力爭，也會用最溫和的方式來爭取。

積極的情緒和情感會增強人的活動能量，至於消極的情緒和情感，只會使人對工作怠惰輕忽，動輒產生不愉快的心情。

用不愉快的心情做事，非但得不到別人認同，也會消耗自己的熱情，久而久之更會銷蝕自己的人生。

有句德國諺語說得很好：「當一個人情緒上來的時候，就好像脫光了衣服赤裸地站在大家的面前。當然，大多數人在這樣的情況下所表現出來的，幾乎都是當眾出醜。」

一個放縱情緒，習慣用心情做決定的人，不但無法解決問題，反而把事情攪得更亂，徒留眾人笑柄罷了。

某間公司有四位打字小姐，維莉‧哥頓正是其中一員，由於工作量大，四個人經常忙得不可開交。

這天，副理把維莉‧哥頓叫進辦公室，要求她重打一份信件。

維莉看了看那封信，厭煩地說：「副理，我認為這封信只需要改一改就好，不需要全部重打。」

副理也口氣不好地回應說：「喔，妳不想重打嗎？那我再去

找個願意做的人來做好了。」

維莉一聽，心想：「什麼跟什麼！我不過是提個建議，免得浪費大家的時間，又不是不願意做。」

情緒有點差的維莉，轉念又想：「如果我說不打，說不定會藉此機會趕走我。反正他們有付我薪水，何不開心點工作？更何況，多做一點事，並不代表就是吃虧啊！」

想到這一點，只見維莉臉上立即堆滿歉意與微笑說：「沒有，我當然要做，我只是猜想這封信應該很急，所以想建議您用修改的方式，不僅節省時間，速度也比較快啦！」

副理看著維莉身段放軟，口氣和緩，原本即將發作的怒氣便收回來：「這不急，快拿回去重打吧！」

之後，維莉自己檢討了一下：「何必想那麼多？工作那麼辛苦，何必把心情弄得那麼不開心呢！老闆交代，我只要盡力就好，以後別再想那麼多了，開開心心地工作不是很好嗎？」

換作是你，你會怎麼解決類似的事情？有個性地拒絕，還是像維莉一樣，用微笑面對呢？

這就像智者所說的：「再不開心，也沒有人能分擔你的不悅，即使發脾氣也沒有用，因為他們只會認為你的修養不夠。」

在職場上，聰明的人不會用情緒來面對事情，不管事情合不合理，即使要據理力爭，也會用最溫和的方式來爭取。因為他們知道，情緒並不能解決問題，反而會把問題越弄越複雜。

習慣把激情當瀟灑的人，還是收斂收斂脾氣吧！

知道興趣所在就努力地實踐

 找到自己的興趣,並努力地朝著目標前進。只要有實踐的決心,不管多麼困難,都一定能爭取到屬於自己的機會。

　　我們經常聽到許多成功人士說:「生活上最享受的一件事,是能夠將興趣與工作結合在一起。」

　　或許有人會質疑:「很難吧!」

　　但是,提出質疑的同時,請先問一問自己:「我的興趣是什麼?」如果你很清楚自己的興趣和奮鬥目標,那麼你得再問一句:「我是否有實踐的決心呢?」

　　興趣的重要性只有一個,就是激起你的熱情。

　　興趣激起的熱忱讓你能夠勇往直前,堅持不懈直到成功。

　　凱西之前在一家律師事務所工作,辭去工作之前,曾住在哥哥那兒。

　　有一天,哥哥帶她到一間雕刻坊參觀。對雕刻物品非常陌生的凱西,這天只帶著純觀光的心態進入雕刻坊。

　　然而她卻沒有想到,一走進雕刻坊後,她的一生竟從此改變。

　　在接觸這些雕刻品之後,凱西便愛上了這一切,不知道從哪裡來的熱情,凱西迫切地渴望能學會雕刻。

她對哥哥說：「哥哥，從今天開始，雕刻便是我的人生！」

從那天開始，凱西每天午後都會來到雕刻坊，學習所有與雕刻有關的知識與技術。早上工作、晚上學習的生活，對凱西來說有點吃力，但是，她卻一點也不覺得辛苦。

慢慢地，雕刻在她生活上所佔的地位越來越重要，不僅時間，連她的生活空間也佔滿了雕刻作品與工具。由於雕刻工具與創作品越來越多，凱西只好在家中整理出一間工作室，讓自己能無憂無慮地在創作空間中，全心享受雕刻的樂趣。

付出這麼多的心力之後，老天爺也給了她最好的回報，許多藝術館前來找她，希望能收藏她的作品，而且只要有新作品一推出，人們便紛紛搶購。

獲得肯定的凱西當然非常開心，幾經考慮，最後決定辭去事務所的工作，全心地投入雕刻的世界中。

很多人面對手上的工作，總是抱怨連連，再不然就是怪罪說：「因為這不是我的興趣所在。」

既然那不是你的興趣所在，何不找出能與興趣結合的工作呢？

畢竟在這樣負面的工作態度下，不僅會拖累你的工作效率，還會降低你的人生樂趣，對你一點幫助也沒有，不是嗎？

向故事中的凱西看齊吧！

找到自己的興趣，並努力地朝著目標前進。只要有實踐的決心，不管多麼困難，都一定能爭取到屬於自己的機會。

沒有夢想目標的人，不妨從眼前的工作中培養出興趣。有夢想目標的人請別再遲疑，因為，你渴望許久的快樂、充實的幸福人生，就在前方。

找出興趣，就會有愉快的情緒

 有些人連自己想要的是什麼都不知道，渾渾噩噩地過著一天又一天。這麼漫無目標地工作，又怎麼會有愉快的情緒呢？

你可曾聽說過，有哪個討厭自己工作的人，最後獲得成功的呢？相信沒有吧！

其實，事業成功的秘訣很簡單，就是把工作與熱情緊密地結合在一起，自然而然，熱忱便會幫助你到達成功的高峰。

娜斯佳一走進辦公室，每個人一看見她，都忍不住糾起眉心，原本的好心情也都要變差了。

因為娜斯佳從關門開始，不管是臉上神情或是接下來的每一個動作，都充分表現了她的煩躁。

坐在身旁的班本，忍不住搖了搖頭：「又怎麼了呢？」

娜斯佳沒好氣地回答：「心情不好！」

班本問：「怎麼又心情不好了？」

娜斯佳似乎不大想搭理他，煩躁地回答：「就是不好。」

其實，班本很清楚娜斯佳的問題，只是不想直接點明，希望讓娜斯佳自己把問題說出來，才好慢慢地勸導。不過，他看娜斯佳這個樣子，恐怕還是問不出重點來，於是只好直接點破。

班本小聲地說：「妳是不是不想工作啊？」

娜斯佳一聽，猛地轉頭望了班本一眼，不過卻不願意承認。

班本又繼續問道：「每天都在這種情緒下工作，妳難道不會覺得很累、很煩嗎？」

這個問題似乎說中了她的心事，娜斯佳無奈地嘆了一口氣。

班本發現娜斯佳的態度似乎有點軟化，便積極地勸說：「妳想不想工作愉快一點呢？」

娜斯佳眼睛一亮，嘴裡卻不以為然地回答說：「怎麼可能變得愉快？」

班本問：「妳不喜歡這份工作嗎？」

娜斯佳想了想：「還好，只是不知道為什麼做得很累。」

班本聽到這個答案，便認真地對她說：「其實，妳可以很喜歡這份工作的，妳感覺累的原因，並不是因為工作的問題，而是妳用錯了工作態度。」

娜斯佳不解地問：「那有什麼差別？」

班本笑著說：「差別可大了，因為妳一直把工作視為一件苦差事，上班時，妳一定在心裡這麼嘀咕著：『又要上班了，真煩！為什麼假期就不能再長一點！』是不是？」

這似乎說中了娜斯佳的情況，只見她尷尬地笑了一聲。

班本也溫和地笑著說：「把工作態度改變一下吧！把工作視為興趣，並從工作中尋找樂趣，就會像我一樣，每天都能抱著愉快的心情上班啊！」

娜斯佳看著樂觀的班本，忍不住說：「唉，哪有這麼容易！」

班本說：「妳可以的，只要多想一想在工作上獲得的成長與成就感，妳就能慢慢地找到工作的趣味。」

班本忽然湊近娜斯佳的耳邊說：「妳還記得昨天的企劃嗎？

我一早收電子郵件時，老闆已經通過了，而且對妳讚許不已呢！」

　　娜斯佳一聽，開心地說：「真的嗎？那接下來，我有很多事要做囉！」

　　其實，很多人都是這樣，每天抱著煩躁的情緒上班，有些人連自己想要的是什麼都不知道，渾渾噩噩地過著一天又一天。這麼漫無目標地工作，又怎麼會有愉快的情緒呢？

　　在我們的身邊，不乏一些把工作視為賺錢方式的人，問他們是否有興趣，他們總說沒有，問他們為什麼不找有興趣的事情來做，他們總會說：「我已經習慣了，反正混口飯吃。」

　　相信這類的話語許多人都曾經說過。但是，若只是想混口飯吃，其實很簡單，只要你不怕辛苦，到哪兒都有賺錢的機會，只不過，這類型的人，想從工作中增加自己的身價或獲得成功的機會幾乎是零。

　　面對工作心情總是不愉快的人，先問一問自己，目前的工作是不是你想要的，答案若是否定的，就趕快找出自己的興趣。如果答案不太確定，那就別想太多，從現在開始培養你對這份工作的熱情吧！

心寬，才能容納更多的幸福

沒有人能十全十美，如果我們願意把心放寬，多點包容與體諒，即便缺點再多的人，也會看見他可愛的一面。

心胸狹窄的人凡事錙銖必較，內心也經常被怨恨或憤怒所佔據，生活自然諸事不順。

仔細想想，當怒氣與怨恨的情緒佔滿心間，我們又怎麼有心思尋找理想與成功呢？

別那麼小氣，心胸寬闊一點吧！把怒火澆息，那麼你才有更寬廣的心田，種下你想要的幸福與夢想。

卡洛絲臉臭臭地走進來，咬牙切齒地對布蘭妲說：「氣死我了，總有一天我一定要報復！」

布蘭妲搔了搔頭，不懂地問：「誰又惹到妳啦？」

卡洛絲生氣地說：「哼，還不是我那個室友！」

布蘭妲又問：「這次又是什麼事？」

卡洛絲氣沖沖地說：「早上我一起來，她又把拖鞋亂放，看了心情就差。還有，昨天公司的傑克又找我麻煩了，我的工作都還沒做完，他又丟了一份文件給我，害我工作情緒大受影響，連自己的工作都沒做好。」

布蘭姐聽完後，忍不住說：「妳要不要把心胸放大一點？」

卡洛絲一聽，火氣全上來了，憤怒地說：「妳的意思是說我小氣囉！」

布蘭姐看見卡洛絲怒火上衝，連忙解釋說：「我不是說妳小氣，我只是覺得，有些事妳可以睜一隻眼閉一隻眼。」

卡洛絲說：「為何要睜一隻眼閉一隻眼？如果他們故意欺負我呢？」

布蘭姐問：「要是他們真的是故意的，妳又能怎麼辦呢？」

卡洛絲回答：「我……我……反正他們以後就要小心一點！」

布蘭姐笑著說：「在他們得到懲罰之前，不怕自己先氣得腦充血？」

卡洛絲不以為然地嘟著嘴巴，不過卻沒有反駁。

「其實，」布蘭姐繼續說：「如果他們不肯改變，火氣那麼大又有什麼用？而且妳的心情那麼差，真正受『懲罰』的人不是他們，是妳自己啊！」

卡洛絲無奈地說：「我也不想這樣。」

布蘭姐安慰她說：「那妳就對他們寬容一點，既然受不了鞋子亂放，就將它們擺好，這不需要花妳多少時間與力氣吧！何必氣不停呢？至於工作上的事情，如果妳做不完，就跟他們溝通，若行有餘力，幫個忙又何妨。畢竟他們會想請妳幫忙，也是認為妳的能力好啊！」

卡洛絲聽完後，雙手一攤：「是啊！誰叫我的能力這麼好！」

為了安撫卡洛絲的情緒，布蘭姐費心勸說，從她的勸說中，我們也看見她心胸的寬廣。

因爲成長環境的不同，因爲個性迥異，每個人的一言一行，幾乎沒有不被挑剔的。也因此，人與人之間的相處最難的地方，就是要能互相包容。

其實，喜歡計較、心胸狹窄的人，不管他人怎麼配合，還是能挑出對方的問題。想一想我們自己，不是也很討厭那些凡事吹毛求疵、事事計較的人嗎？

沒有人能十全十美，生活中也很難事事順心，不過，如果我們願意把心放寬，多點包容與體諒，即便缺點再多的人，也會看見他可愛的一面，難處再多，你仍然能感覺希望無限。

只要誠心，就能吸引顧客上門

不必向客人費盡唇舌，只要用一顆溫暖誠摯的心，自然而然就會吸引到顧客上門，讓生意源源不絕。

對好的行銷人員來說，只要是走進大門的客人，都是他最重要的客人。

經營學家告訴我們，要準確地捉住顧客的心，自己的心中就不能存有偏見。

你知道誰是世界上最偉大的推銷員嗎？

《金氏世界紀錄》一書中有記載，那個人的名字叫做喬·吉拉德。

據說他在十五年內，便賣出了一萬三千輛汽車，賣出最多的那年，便賣出了一千四百二十五輛。

也許有人要問他是怎麼賣的？這裡有個例子可以參考。

曾經有個婦人只是為了消磨時間，走進他的汽車展示廳。

其實，這個婦人是要購買對面車行裡的一輛福特車款，但那裡的推銷員卻要她等一個小時之後再來找他。吉拉德看見有客人進門，立即禮貌地上前：「您好，我能為您服務嗎？」

婦人隨意看了看店裡的車子，直接說：「我已經決定要買一

輛白色的福特車，作為自己的生日禮物。」

吉拉德一聽，微笑地道賀：「生日快樂，夫人！」

雖然，婦人已經清楚地說明她要的車款，吉拉德這裡也沒賣福特的車，不過吉拉德並不因此而怠慢客人，仍然熱情地介紹自己店裡的車。

當他與秘書說過悄悄話後，便誠懇地介紹自己的白色轎車，不過，是雪佛蘭的車款。過了幾分鐘，只見秘書捧了一打玫瑰花進來，交給吉拉德。

吉拉德接過花束之後，立即轉身對婦人說：「祝您生日快樂，夫人！」

婦人看見吉拉德這個舉動，雖然吃驚卻非常感動。

在這裡她感受到一份顧客的尊榮，不像在福特車行那兒，因為推銷員見她開著老舊的車子而輕慢對待她。

婦人心想：「不一定要福特的吧？」

於是，她改變了原來的打算，選了這輛白色的雪佛萊，並寫下一張全額的支票給吉拉德。

故事中，吉拉德從未說過：「買我的車吧！」或是批評福特車款的缺點等等，他只是簡單地介紹雪佛萊的特別之處，展現他對顧客的重視。

相信你也曾經有過這樣的遭遇，走進某家店，迎面而來的便是一種鄙夷的眼神。店員從服裝打扮來分辨他們要慎重迎接的客人。當你受盡冷落時，忽然有個光鮮亮麗的人走了進來，他們的態度馬上一百八十度轉變，滿臉微笑外加做作的寒暄，讓你發著脾氣走出去，並發誓：「以後再也不來這家店了，而且還要昭告

天下！」

　　當然，你也一定曾經遇見這樣的情況，店員熱情地招呼，還親切地說：「沒買沒關係，您慢慢看，有問題都可以問我，大家就當交個朋友囉！」

　　於是，你也微笑地點了點頭，也許這次沒能挑中你想要的東西，但是下一次經過，你也一定會再走進去。

　　這就像故事中吉拉德的表現，「以客為尊」的態度，不必向客人費盡唇舌，只要用一顆溫暖誠摯的心，自然而然就會吸引到顧客上門，讓生意源源不絕。這是吉拉德的成功技巧，你是否學會了呢？

用熱情取代抱怨的心情

用熱情取代抱怨的心情，

能快樂工作的人自然會有工作的熱情，

工作對他而言不是件苦差事，

而是一種生活上的趣味。

隨時都可以展開快樂人生

生活隨時都在變化，只要把握當下，你就
會發現生活中有太多事可以同時並行，而
當下便是最好的時機。

不管生命多麼短暫，不管生活多麼忙碌，只要我們能掌握眼前的時光，隨時都可以用愉悅的心情展開自己的快樂人生。

你是否正計劃著「等到」退休後才要開始享受愉快的生活？或是認為唯有等工作結束後，才能享受快樂的滋味？

想想看，在這麼多讓你耐心「等待」的理由中，有哪一個能明確地告訴你快樂人生到來的時間呢？

很多人都像和子一樣，習慣拒絕分享快樂，或許她並非有意地排拒，但是每當她聽見別人的歡笑聲，心中總是出現這樣的想法：「唉！我的世界目前只能這樣，想享受生活，再等一等吧！」

和子與大多數垂頭喪氣的人一樣，根本忘了什麼才是真正的快樂。

這天，和子遇見許久不見的同學友子。她看著神清氣爽的友子，羨慕地說：「真羨慕妳這麼輕鬆自在，我好久沒開心過了，妳知道嗎？」

友子不明白地問：「怎麼會這樣呢？當初妳可是班上最快樂

的人啊！」

和子搖了搖頭說：「妳不知道，自從我找到工作並結了婚之後，就再也開心不起來了。」

友子同情地看著和子：「有什麼問題嗎？」

和子嘆了口氣，道：「唉！當初我告訴自己，完成了學業，找到了工作，並在工作有了成就之後，就可以完成最後一件事，那就是結婚。我告訴自己，從此可以過著美好的日子。但是，結婚之後，有了第一個孩子，我又想，只要孩子再大一點，我們的生活就會更加滿足。只是沒想到，事情未如預期，因為帶孩子真正辛苦的時間，不是小嬰兒時期，而是他們青少年時期，於是我又重新計劃，只要等他們再大一點點⋯⋯」

友子不經意地插嘴：「你們會不會想太多了？」

和子看著友子，心中五味雜陳，也不知道要如何回應友子。

友子開導朋友：「我也結婚了，想當初我的情況並不會比妳好。當時，我也希望另一半有很好的成就，可以讓我們過舒服的日子，希望『總有一天』我們可以四處旅行度假。但是，我更知道，這個『總有一天』根本無法預期，於是我改變了想法：『何不從現在開始？』」

和子搖了搖頭，仍然不發一語。

友子笑著對她說：「不必想太多，其實妳真正需要的只有兩個字『放鬆』。放鬆不一定要把所有的工作都停下後才能進行，生活中的一切，全都可以同時進行。」

你是否也跟和子一樣，寫了一堆計劃，並把心中最渴望的目標放在最後，面對不斷變化的人生，自己真正想達成的目標總是

一拖再拖？

有人會推說：「因為時間不夠用，計劃必須修正或犧牲，為了顧全大局，只好把夢想永遠放在最後一個位置。」

但是，你確定這樣的犧牲值得嗎？如果直到你的人生結束時，最想做的事仍然沒有實踐，心中不會有遺憾嗎？

人生目標不在當下實現，又待何時？

阿爾弗雷得‧索亞曾說：「長期以來，我總覺得真正的生活可以馬上開始，但是走到半路時總是不斷出現阻礙或麻煩，我必須付出很多的時間來解決這些事情，之後才能重新開始我夢想的生活。直到有一天，當新的阻礙再次出現時，面對要再次被擱置的夢想，我突然意識到，原來這些障礙竟是生活的一部分，從此，我的生活才有了真正的開始。」

有點「繞舌」的說法，道理很簡單，你想過什麼樣的生活，隨時都可以開始！

不必苦等兒女長大，你的夢想生活可以陪著孩子一起成長，更不必再等十年，生活隨時都在變化。

只要懂得把握當下，你就會發現，生活中有太多事可以同時並行，而當下便是最好的時機。

轉個念頭，生活就會快活

生活愉快與否，只要多轉幾個念頭，問一問自己「這是不是我想要的」，感激自己所擁有的一切吧！

有位心理學家這麼說：「人們最普遍和最具破壞性的傾向之一，就是集中精力在我們所想要的，而不是我們所擁有的！」

所以，許多人對於「擁有」的多寡或意義，一點也不在乎，因為在他們擁有之後，還有下一個慾望清單等待他們追逐。

你確定在慾望得到滿足之後，就能快樂起來嗎？

看著那些三餐不得溫飽、流離失所的人，我們卻能夠安穩、健康地走過一天又一天，其實眼前擁有的這一切都已經夠了。

這個星期喬治剛剛付清了新屋的餘款，艾朋看見他難得心情愉快地出現，好奇地問：「什麼事那麼開心？」

喬治笑著說：「我剛剛把房屋餘款付清了。」

艾朋恍然大悟說：「難怪你笑得這麼開心，錢付清了，接下來有什麼新的規劃呢？要陪太太到哪兒度假？」

喬治搖了搖頭，說道：「度假？我們剛剛決定，接下來要買更大的房子，所以……」

艾朋苦笑了一聲，意有所指地說：「喔！那你可要好好珍惜

你現在的笑容！」

許多人就像喬治，每完成一件渴望，自然會想朝著更高的目標前進，看著這個又想著另一個，心中很難獲得真正的滿足。

只是，當慾望無法獲得滿足，生活便會充滿不悅的情緒。即使第一個目標已經達成，面對尚未完成的第二目標，心中仍然不會感到安適，生活自然充滿煩躁與苦悶。

不快樂嗎？想快樂嗎？

換個心態擁抱你的生活吧！

把不斷湧現的「我想要……」，更改為「其實我已經擁有了……」，當你看見別人出國度假時，何不看看故鄉的自然山水與鄉土風情，其實一點也不輸異國風采。

當你計較薪水高低時，如果肯評估一下現況，或者你會這麼說：「總算有一份工作，可以養家活口！」

當你開心地面對難得的工作機會，自然能樂在其中，並因為勤快地工作，而獲得意想不到的收穫。

生活愉快與否，只要多轉幾個念頭，一點也不需要做多少物質上的改變。生活是否快樂，只需要多問一問自己「這是不是我想要的」，只要能對自己點頭，便已經足夠了。感激自己所擁有的一切吧！

用熱情取代抱怨的心情

 用熱情取代抱怨的心情,能快樂工作的人
自然會有工作的熱情,工作對他而言不是
件苦差事,而是一種生活上的趣味。

林肯說:「只要心裡想著快樂,大部分的人都能如願以償。」

面對工作的煩悶與不悅,很多時候問題並不是出在工作本身,而是你在麻煩發生後所產生的念頭。

因此,當問題發生時,何不先提醒自己:「想那麼多,事情也不會消失或自動解決,胡思亂想又有何用?」

小菁回到公寓,門總是順手一甩,讓它產生巨大的聲響,接著把手上的東西用力一丟,最後加上一句:「煩死了!」

室友們也被她這個大小姐脾氣惹得每天心情煩悶,沒有幾個人想搭理她,或是聆聽她的抱怨。唯獨曉琳,只有她願意笑著問:「怎麼啦?又發生了什麼事?」

小菁聽見有人關心,立即氣呼呼地說:「都沒有人知道我的工作壓力有多大,每天要應付那些客戶,都快煩死了!還有,上個月我的業績排第一,但是今天遇到一個爛客戶,這個月業績肯定要下降了,可惡的傢伙!」

曉琳吐了口氣,看著小菁:「呼!聽妳一大串說下來,我覺

得並沒什麼不得了的事嘛！」

小菁慍怒地看著曉琳：「哪裡沒有？妳又想嘲笑我了？」

曉琳笑著說：「冤枉啊！我一點也沒有嘲笑妳的意思，我只是認為，如果妳可以放輕鬆一點，心情就不會這麼煩啦！」

小菁搖了搖頭：「很難，光想到工作，我就輕鬆不起來！」

曉琳同情地看著小菁：「這份工作不是妳的興趣嗎？」

小菁點了點頭：「是啊！」

曉琳說：「既然是，妳怎麼不肯開心地面對？想一想，有多少人能像妳一樣，做自己想做的事呢？」

小菁看著曉琳，苦笑了一下。

曉琳說：「把妳的熱情找回來吧！既然是興趣，妳可以把工作視為一種生活樂趣，用輕鬆的情緒玩出成就來，妳覺得呢？」

聽完曉琳的話，小菁的情緒已經輕鬆許多，笑著對曉琳說：「妳要不要來我們的公司做教育指導員？」

我們要如何從工作中獲得樂趣呢？

只有簡單的四個字，那就是「樂在工作」。

既然有興趣，自然能發揮所長，也一定能激發潛能，假如這份工作是你的興趣所在，再多的辛苦都會遺忘。不管有多少困難，也會激起你挑戰的興趣，為生活增添無限的樂趣。

有位客服人員從單調乏味的工作中，也能發現趣味，他說：「我會從對方的聲音中，推測他的個性，經過經驗累積，慢慢地我就可以順著客人的性情，輕鬆地解決他們的疑問。」

用熱情取代抱怨的心情，能快樂工作的人自然會有工作的熱情，工作對他而言不是件苦差事，而是一種生活上的趣味。

快樂做事，才是享受生活的方式

不管是在工作上還是生活中，培養積極、
勤奮的生活態度是最重要的事。積極快樂
地生活，自然能擺脫無謂的煩惱與憂愁。

　　不要以為挑些簡單、輕鬆的事，就可以避開麻煩與困難，老想著偷懶的人，即使再簡單的事，一到他的手中，也會變得比別人更加艱難。

　　何必斤斤計較分工平均與否，或是哪件事比較簡單，哪件事比較困難？輕鬆事只會落在那些「隨遇而安」的人手中。

　　對他們來說，任何事都是輕鬆簡單的任務，至於斤斤計較的你，之所以老是挑到困難事，只因你總是這麼想：「別人的任務永遠都是最輕鬆的！」

　　美因茲的一位主教認為：「一個人的身心就像磨子一樣，把麥子放進去，它會把麥子磨成麵粉；如果你不把麥子放進去，磨子依然會照常運轉，但卻不會磨出麵粉來。」

　　主教的意思是要提醒人們，勤勞的人才能得到生活的成果，一個無所事事的人，不管人緣多好，或名聲如何響亮，當他終日游手好閒時，無論如何是不可能獲得生活的樂趣與幸福感的。

　　試想這樣的生活，一早起來，吃完早餐後，便無所事事地過

完一天，接著吃完晚餐後，便上床睡覺，你是否反而覺得手足無措呢？

人是活的，沒有人能適應「無所事事」的生活狀態。所以我們看見許多老人家，即使人們都告訴他：「好好地享受生活！別再那麼忙碌了。」但是，我們卻發現，他們一點也不聽勸說，生活仍然非常「忙碌」。有人每天種花養草，有人則是重拾書本，就像有位七十歲的老爺爺說的：「我一點也不想坐著等死，何況做這些事我一點也不覺得累。」

從他們身上，我們看見生活的熱情，也得到生命的啓發：「活著，就要積極地動起來！」

熱愛生命的最好方式，就是勤快地生活。

不管是在工作上還是生活中，培養積極、勤奮的生活態度是最重要的事。熱愛你的工作，快樂地做每件事，才是享受生活的最佳方式。

較之於失業已久或坐臥在病榻上的人來說，忙，眞的是一件好事。

能活力十足地行動著，表示你身強體健，不必忍受疾病的折磨。能在工作中積極忙碌，表示你的工作穩定，不會有失業裁員的恐懼。

面對著這麼多「好事」，你又怎能不熱情工作，盡職地完成每一件事呢？積極快樂地生活，自然能擺脫無謂的煩惱與憂愁，因爲在我們的腦海中，只會出現「勤勞」與「快樂」的生活能量！

態度決定你的生命高度

再艱難的環境，都有人可以走出自己的一片天，其中要訣不在他的出身，而在他的態度。

　　一個人的生活究竟是快樂的或是痛苦的，關鍵往往在於抱持著什麼心情看待事情，以及用什麼態度面對工作。

　　很多時候，只要我們願意積極、正面地看待，就可以讓自己的人生更加多彩多姿。

　　霍克博士說：「不管我換了什麼新工作，也不管我走到哪裡，我都願意以上帝之名發誓，我會用這雙手，快樂而熱情地工作，即使暫時無法找到工作，我也能為自己創造出絕佳的工作機會。」

　　人生最幸福的事，莫過於天天都能朝氣蓬勃地工作。

　　讓我們天天都用最快樂的情緒，充滿自信與活力地朝著明確目標積極前進，千萬不要讓消極的心情決定事情的發展方向。

　　賽地‧史密斯還在約克郡的弗斯頓克區擔任牧師時，心裡總是想：「我實在不適合當牧師！」

　　雖然他一直認為自己並不適任，但是每天還是帶著愉快的情緒，努力地突破對自己的否定。

　　他慢慢地發現：「當我決定要愛上這份工作時，就決心要盡

全力做到最好。因為我發現，不斷地發牢騷，嫌棄這份工作，反而讓我更加厭惡自己。與其被厭惡的心思佔據，不如讓『歡喜』的情緒充滿心中，當我開始喜歡這份工作之後，我也越來越喜歡自己了。」

曾經有位卓越的建築師，也像史密斯一樣，給了自己一個正確的生活態度，締造了一個成功的開始。

成功之前，建築師有一年從東方旅行回來後，決定了一件事。

他想著：「我知道我想要什麼了！」

原來他想要的工作，並不是成為一位傑出的建築設計師，而是房屋維修工人，一個建築分工中最基層也是收入最低的職業。

每個人遇見他，都忍不住要提出質疑，但是當時這位建築師卻說：「這是最好的開始！」

他不願更換工作，在炎熱的夏季他仍然開心地坐在屋頂上，專注地修補著，當斗大的汗水滴下來時，他舉起手擦了擦臉上的汗珠，大聲喊道：「對我來說，這份工作實在太棒了！」

工作上的一切，沒有什麼比「態度」更重要的了，你可以不為五斗米折腰，也可以為了自尊甩頭走人；但是在你離開之前，請先問一問自己：「從進公司到現在，面對工作你是否完全問心無愧？」

現代人有各種冠冕堂皇的理由藉口。某些領失業救濟金的人，面對失業時抱怨著：「薪水太低了！」

更有人這麼說：「因為失業率高，所以我找不到工作啊！」

當人們追問：「你找了多少家公司？」他們則理直氣壯地告訴你：「何必找？數據顯示了那麼清楚，不用找也知道！」

你是否也認同這樣的理由？又或者，你與身邊的人也曾說過這樣的藉口？

　　再艱難的環境，都有人可以走出自己的一片天，其中要訣不在於出身，而在於態度。

　　就像故事裡的建築師一樣，也如霍克博士表示的：「只要有信心、有決心，人人都有機會！」

　　態度決定你的生命高度，你的工作目的是什麼？增加收入？填補空白的時間？還是發掘生活的多元樂趣？

　　建立正確的工作與生活態度，時間一到，你的腳步自然而然會來到你夢想的目標！

為自己的工作注入生命力

面對目前手上的工作，要清楚地問一問自
己，是否真的是興趣所在？如果不是，是
否能積極地找出興趣，改變現在的生活？

工作本身並不會讓人倦怠，但是你的工作態度如果充斥著乏
味、煩躁與焦慮，就會讓生活充滿挫折感。

所以，能在工作中「自得其樂」的人，他們會告訴你：「工
作時的活力與幹勁，全靠我們自己找尋。」

阿布雷西是底特律某家汽車維修公司的技工，每天的工作不
是鎖螺絲，就是輪車床，整天都得跟這些烏漆抹黑的汽車零件打
交道。

當其他技工抱怨工作乏味時，唯獨他精神抖擻地工作著，不
放棄任何學習的機會，因為他未來的人生全靠好好做好這項工作。

他下定決心，要從工作中培養出興趣。

只見他開始學起汽車的構造、研究車子發動的原理、比較汽
車與火車的運行原理有何不同等等，只要有關汽車的知識與學問，
他都仔細研讀。

慢慢地，他真的培養出高度的興趣與熱情，即使雙手仍然又
油又黑，卻工作得相當快樂。

經過努力，他不僅成了該維修公司的專業招牌，更讓主管願意出資培植，讓他進入大學，攻讀機械製造。

　　有位心理學教授曾經做了這樣一個實驗，他把十八位學生分成兩組，讓第一組學生從事他們感興趣的任務，另一組則給他們安排不感興趣的工作。

　　不久，第二組學生便狀況百出，各種逃避與挑剔的小動作開始出現，再一會兒時間，他們抱怨聲起，還有人出現頭痛、身體不適的情況。而第一組的學生情況卻與他們完全相反，每個人臉上的神情都非常專注，他們只想著如何立即完成手上的工作，得知最後成果。

　　試驗的結果我們早可預見，就像兩組學生一樣，面對感興趣的事與沒興趣的工作，大多數人的反應與兩組學生無異。

　　就像教授實驗的目的一樣，我們應該認識自己內心的感受，知道「興趣」對生活的重要。面對目前手上的工作，要清楚地問一問自己，是否真的是興趣所在？如果不是，是否能積極地找出興趣，改變現在的生活？

　　如果你已習慣現在的生活，不想改變，那麼就別再抱怨了，快培養出工作的熱情與興趣吧！

如果你只有萬分之一的機會

因為『萬一』的情況不同，你可以有不同
的選擇，但是無論情況如何，最終你都要
忠於你的選擇，而且永不後悔！

教育家海倫凱勒曾經說：「也許人就是這樣，有了的東西不
知道珍惜，沒有的東西卻又一味追求。」

生活原本就在擁有與失去之間循環，只是當人們失去時，是
否能積極地爭取新的東西來填補，卻是因人而異了。

隔壁住著一對十分恩愛的夫妻，先生是位國中的體育老師，
大家都叫他小林老師；他的妻子小雅則是小學的音樂老師，無論
在社區中或是學園內，只要人們看見他們夫妻倆走在一起的身影，
總是充滿羨慕地說：「你看，他們真是幸福！」

但是，人生似乎總避不開意外。

有一天，小林老師正在教導孩子們如何運用單槓活動時，雙
手竟然沒有抓穩，當場從高高的單槓上墜落。更不幸的是，當他
落地時，居然是頭部先著地，也因為頭部的撞擊，讓他從此再也
沒醒來了。

緊急送醫後，醫生當場宣佈：「對不起，雖然他的性命保住
了，但由於傷及腦部，從此恐怕都要躺在床上了。」

看著原本活力十足的丈夫，如今竟成了植物人，安靜無聲地躺在床上，小雅忍不住伏在床邊哭泣。

　　朋友們看了都心生不忍，紛紛安慰她說：「別太難過！無論如何，妳的日子總得繼續下去！」

　　小雅看著友人，點了點頭，隨即擦了擦眼角的淚，接著輕輕地呼喚著：「老公，你一定要醒來啊！」

　　深情的小雅辭去了工作後，從此寸步不離地守候在丈夫的身邊，她堅定地說：「我一定要等他醒來！」

　　只是，這一等便等了十年。

　　其間，醫生也曾對她說：「依林先生的情況，醒來的機會恐怕很小，妳要有心理準備。」

　　當然，更有親友這麼勸她：「小雅，妳別這麼傻啊！妳已經付出很多了，還是趁著年輕找個新的依靠吧！」

　　小雅一聽，用力地搖了搖頭，不悅地說：「你們別再說了，萬一他明天醒來呢？我們又料不準，不是嗎？」

　　聽見小雅這麼說，小雅的阿姨忍不住這麼回應：「是啊！妳都知道事情說不準了，那『萬一』沒醒過來呢？」

　　小雅生氣地說：「我不怕那個萬一，因為，別人是擁有九千九百九十九個幸福，害怕的是那萬分之一個不幸；而我卻是相反的情況，我已經失去了九千九百九十九個幸福，如今只能苦等那個『萬一』，我只求那萬分之一的幸福能早日降臨！」

　　朋友們知道勸不了她，只得陪著她的癡心，一同祈禱小林能早日醒來，然而這一等又過了十年。

　　如今她還在等待著，看著她如此深情地守候著，親友們的心也深受感動。

　　他們相信，終有一天，小雅會等到那萬分之一的幸福！

因為擁有得越多，所以我們越容易忽略當下的擁有，反觀故事中的小雅，因為失去了太多，所以她更加珍惜眼前，雖然未來不知能否達成她的期望，但是她知道：「如果我就這麼放棄了，一旦那『萬分之一的機會』發生，我一定會終生懊悔！」

　　現在，我們和小雅換個角色，如果你只有萬分之一的機會，你是否願意繼續爭取這微乎其微的機會呢？

　　人生的機會確實不多，死守著這樣未可預知的機會的確有些危險，但是，因為個人的需要不同，價值標準不同，失去時，有些人會把失去的東西積極爭取回來，也有人寧願放棄，重新找尋新的未來。

　　只是在這個容易產生矛盾的情況中，我們到底該怎麼選取，其中標準界線又在哪兒呢？

　　標準就在故事中：「因為『萬一』的情況不同，你可以有不同的選擇，但是無論情況如何，最終你都要忠於你的選擇，而且永不後悔！」

偶爾「吝嗇」，對自己也有好處

「吝嗇」不必非得與守財奴絕對畫上等號，
其實適度的吝嗇也等於儉約、不浪費。

珍惜生活中的寶貴時光，珍惜生命中所有美好的東西，這樣的表現或許會被某些不懂得生命意義的人批評為「吝嗇」，但是只要自己心靈感到富足，又何必在意別人的眼光？

「吝嗇」不一定全指壞事，適度的吝嗇可以讓我們愛惜身邊的一絲一縷，不捨得輕易丟棄。

偶爾的吝嗇不僅對自己有好處，還能減少不必要的麻煩。

「吝嗇」一詞，普遍來說並不能算是人的美德，但是，這兩個字對居里夫人來說，卻是非常正確的生活態度。

夫人與居里先生剛結婚，走進新屋裡時，客廳裡居然只有兩張椅子而已，只夠他們夫妻倆一人一張。

居里先生一看，立即提出意見：「椅子太少了，我們再買幾張吧！客人來訪時，才不會沒有椅子坐。」

不過，居里夫人卻回答說：「嗯，多些椅子是好的，問題是，這樣一來，訪客們坐下來之後，就很難走了，那麼，我們不就少了許多研究的時間？我想，為了多點時間研究科學，還是別添購

了吧！」

　　的確，少了幾張椅子，真的讓他們多了許多研究的時間，不久之後，他們發現了化學元素「鐳」，為科學世界擴展了新的視野，也讓居里夫人榮獲諾貝爾化學獎。

　　當居里夫人的年薪從幾千法郎增至四萬法郎時，生活依舊，並沒有因為薪水增加而改變她的生活態度，特別是別人眼中的「吝嗇」生活。

　　她每次赴宴回來，總是會帶回許多宴會上的精緻菜單，對此，她這麼說：「你們看，這些菜單用的紙張都非常厚，在它空白的背面書寫物理或數學等算式，是再合適不過的。」

　　此外，她身上經常穿的那件毛衣，也已經穿了快二十年了，雖然有許多補丁的痕跡，但是從衣物的保持上來看，還是看得出夫人的愛物惜物。

　　有一回，某位美國記者來到一個老舊的房舍前，向一位光著腳丫，坐在門口的婦人打聽居里夫人：「請問，您知道居里夫人住在哪裡嗎？」

　　只見這個婦人緩緩地抬起頭來，微笑著回答說：「我就是居里夫人！」

　　曾經有心存嫉妒的人這麼嘲諷居里夫人：「一直到死，她總是像個匆忙的貧窮婦人。」

　　什麼樣的生活狀況叫做「貧窮」？如果夫人願意辯駁的話，相信她會說：「貧窮？我一直都過得相當富裕啊！」

　　「吝嗇」不必非得與守財奴絕對畫上等號，其實適度的吝嗇也等於儉約、不浪費，就像居里夫人愛物惜物的情況一樣。又像

她爲了不浪費時間，有技巧地用減少坐椅，節省下與客人無謂的聊天時間一般，讓她爭取更多的時間發現新事物。

是吝嗇還是節儉，其實有一個客觀的判斷標準，如果只是爲了物慾的滿足或死守財富，那便只是個吝嗇鬼，因爲他們的心靈幾乎是貧窮的。

如果是知道充實自己，以富裕自己的心靈爲最大滿足，即使居住在陋巷，也比任何人都要富有。

堅定信念地朝自己的目標前進，不必理會旁人的閒言閒語。別人膚淺、無知的嘲諷只是暫時的，根本不值得動氣。你該做的微笑以對，將時間花費在更有意義的事務上。

充滿勇氣就能創造奇蹟

只要你有決心與勇氣，

就會懂得借助浪潮的起伏，

趁著高漲的大浪，

迅速地到達成功的彼岸。

充滿勇氣就能創造奇蹟

只要你有決心與勇氣，就會懂得借助浪潮
的起伏，趁著高漲的大浪，迅速地到達成
功的彼岸。

「見好就收」對於慾望多的人來說，是一句絕佳的警語。

然而，對追求無限生命的人來說，見好不一定要立即收兵，
而是要趁勝追擊，一舉攻下成功的堡壘。

美國田徑名將卡爾‧路易斯是奧運金牌的常勝軍，曾經拿下
九枚奧運金牌。就在他拿下第八枚奧運金牌的時候，已經年屆三
十二了。

在眾人的豔羨聲中，一些看著他成長的評論家，紛紛提出建
議：「如果路易斯在這個時候退休，將是最好的時機！」

但是，對於路易斯來說，他認為自己的狀況還非常好，不必
「見好就收」，田徑是他生活上最重要的事，他相信自己能超越
巔峰。

然而，路易斯接下來的情況，不僅沒有跑出一定的水準，甚
至連續三年都苦嚐敗績。路易斯在這些舉世矚目的賽場上，不是
被提出資格不符，便是在首輪就被淘汰出局。

於是各種冷嘲熱諷的評論再次出籠，有人刻薄地批評：「這

個老路易斯啊，居然墮落到誰都輸的地步！」

不過，路易斯卻一點也沒被輿論擊倒，他再次出賽，目標是亞特蘭大奧運會的參賽資格。

勉強以第三名的資格擠進隊伍的路易斯，果然未被擊倒，這一役他再次拿下了奧運金牌的寶座，也再次證明他無窮的潛力！

沒有人知道，你的潛能究竟有多少，也沒有人能預估你的潛力到底有多大，只要你有決心與勇氣，就會懂得借助浪潮的起伏，繼續前行。

當其他人從狂風暴浪中紛紛跌落時，唯獨你能趁著高漲的大浪，迅速地到達成功的彼岸。

一如路易斯，他以絕佳的運動精神，不斷地挑戰自己的極限。這樣的生命是非常耀眼奪目的，即使曾經跌倒失敗，仍然充滿著成功的光芒。

如果你問，生命裡可以有多少不凡，那得看你用什麼樣的態度面對你的人生。

就像路易斯一樣，他相信自己的潛力，有自信能再創佳績，靠著這份自信心，最後不僅讓那些專家跌破眼鏡，更為自己的人生紀錄增添一筆佳績。

別讓情緒壞了大事

遇見無理取鬧的情況，我們不必急著發揮情緒。面對情緒高漲的人，我們也沒有必要給予相同的反應。

詩人喬治·桑曾說：「瞋怒的心情，經常會使小過變成大禍，讓自己從有理變成無理。」

確實如此，最糟糕的狀況莫過於用情緒處理問題，因為，原本可以輕易解決的簡單事情，往往會在我們滲入情緒因素之後，變得棘手複雜。

遇見他人無理的非難，你該怎麼應對？

無謂的辯駁並不會增加成功的機會，那除了突顯你的修養不足外，還更容易讓人看見你的缺點。

石油大王洛克菲勒在公司剛起步時，有一天，有個年輕人突然闖了進來，其他人見狀，上前想阻止這個年輕人，卻怎麼也阻擋不了。

只見他直奔到洛克菲勒的桌前，用拳頭猛力地拍打著桌面，大聲地吼叫：「洛克菲勒，我恨你……」

接下來，這個年輕人恣意地罵了快十分鐘，一群人就站在外面，有人好奇地張望著，也有人猜說：「哇，這個年輕人未免太

大膽了吧！我猜，等一下老闆肯定要反擊了。」

另一個人同意地接著說：「說不定他會拿起墨水瓶打他，或是等會兒叫保全人員來解決他。」

當大家七嘴八舌地討論時，忽然，大家看見老闆將手上的筆放下來，露出和善的微笑，安靜地聆聽年輕人的怒火。

一句話也沒有回應的洛克菲勒，就這樣靜靜地等年輕人把話說完。最後，年輕人又拍了幾下桌面，便匆匆離去。

那洛克菲勒呢？

只見他若無其事地將桌前的座椅扶正後，便又坐回自己的位置，繼續埋頭工作，且始終都未曾提起這件事。

相信，這是洛克菲勒歷練豐富所累積出來的鎮定，也是爲了成就大事所培養出來的冷靜吧！

相較於其他人，很多人幾乎都耐不住性子，脾氣一上來便無法收拾，又怎能冷靜地處理事情呢？

試著想一想，如果是你，你的處理方式是否與洛克菲勒一樣？

遇見無理取鬧的情況，我們不必急著隨對方的情緒起舞。面對情緒高漲的人，我們也沒有必要給予相同的反應。因爲在怒火燃燒的當下，鮮少有人能理性地解決事情，更別提冷靜思考。既然幾乎都是在「非理性」的情況下，何不待對方無趣地唱完獨角戲後，再好好地把事情解決呢？

沉默不代表無言以對，只是要像洛克菲勒一般，懂得控制自己的情緒，因爲前方有更重要的目標，對於眼前的情緒之爭，我們根本無暇理會。

困境是通往成功的途徑

遇到困境，要尋找積極的生命方向，困境
才是成功的唯一途徑，難題才是表現能力
的重要機會。

當情緒控制一個人的時候，理智就形同遭到綁架。

因此，當你面對困境之時，千萬不能帶著負面情緒，否則就
會淪為情緒的奴隸，做出讓自己後悔莫及的事。

生活沒有解決不了的難題，只有自己不願突破的難關。

困境就是通往成功的途徑，在困境之中，千萬不要任由低落
的心情做決定。只要有一個人能從谷底再站起來，爬上最高的顛
峰，其他的人就不能說：「我再也爬不上去了！」

為了能闖出一片自己的天空，阿良離鄉背井到外地經商，努
力奮鬥了三年，總算事業有成。

阿良開心地想：「我終於可以衣錦還鄉，光耀門楣了！」

就在他準備回鄉的前夕，老天爺卻跟他開了一個無情的玩笑，
一場無名火把他三年來的奮鬥，一夕間化為灰燼。

面對著殘留的灰燼，傷心欲絕的阿良起了尋短的念頭。

有些恍神的阿良來到了山崖邊，正準備跳下時，卻看見有個
老人也站在山崖上，徘徊不決。

他好奇地上前問：「先生，您為何一個人在此徘徊？」

老先生說：「我原來有個幸福的小康家庭，一家四口和樂地生活著。沒想到二年前，自己卻患了一種怪病，看盡了各家名醫都束手無策，如今家產已經快花光了，我的病情卻一點起色也沒有。如今，為了醫好我的病，兒女們連三餐都努力地節省，就為了多留點錢醫治我的病。唉！我真是家中的累贅，我想，如果我死了，他們就不必再過這樣的生活了。」

阿良看著老人，仔細聆聽著他的每一句話，心裡激發了不少感觸。

此時，遠處有個跛腳的乞丐提著包包，滿臉笑容地跛著步伐走了過來。

乞丐看著阿良與老人，微笑著打招呼說：「天氣真好啊！你們這麼早就來遊山玩水啦！」

阿良與老人不好意思地點頭回應，當乞丐靠近時，他們這才發現，這個乞丐不只缺了一條腿，還少了一隻胳臂。

看著眼前的乞丐，阿良想：「我不過失去三年的奮鬥血汗，我還年輕，還有機會的，不是嗎？看看那老人家，雖然失去健康，卻有孝順的兒女在身旁，也算是幸福的了。再看看眼前的乞丐，缺了胳臂少了腿，一個人無依無靠，卻能如此自由自在地生活著，相較於他，我連死的資格都沒有啊！」

阿良想通了，他轉身對著老人說：「我不想死了！我覺得我們並不算是天底下最可憐的人。換個角度想，我們只不過沒鞋穿而已，相較於沒有腳的人，我們是很幸福的了，你看沒腳的人都過得那麼開心，而我們呢？」

老人同意地點了點頭，與阿良一同下山。

誰說抱持「比下有餘」的態度，就一定是消極的人？你看阿良不正是從「比下有餘」的角度中，找到積極的生命方向！

現代人的抗壓性越來越弱，動不動就說自己活不下去了。他們是遇到了怎樣的艱難困境嗎？

事實上，他們只不過是滑了一跤，擦破了一個小小的傷口，這個傷口在那些歷經風浪的人眼中，根本不值一提。

但是，他們為何要尋死覓活呼天搶地？

原因很簡單，因為他們不知道，困境才是他們成功的唯一途徑，所以遇到一丁點挫折，便無法承受，老是認為別人或外在環境在為難他，殊不知，這些難題才是他表現能力的重要機會。

生活中處處都有奇蹟

善用身邊一點一滴的資源,珍惜每分每秒
的光陰,我們也能有全新的發現,創造生
命的奇蹟。

　　藝術家塞薩曾說:「在一般人的眼中,廢棄物是無法利用的,
但這些微不足道的東西,卻藏著人們料想不到的奇蹟。」

　　每個人都應該培養敏銳的觀察力,只要用心觀察,你定能從
生活中,發現各種唾手可得的奇蹟。

　　魯利亞是十九世紀中葉著名的俄國動物學家,有一年他生了
一場重病,被迫留在家中休養。

　　他每天只能無所事事地坐在窗前,悠閒地看著窗外的風景。

　　只是,已經習慣於忙碌的研究生活的他,即使是休息的時候,
慣於研究的雙眼卻一刻也無法停歇,因為這會兒,他又有了新的
發現。

　　他發現站在窗外的馬兒身上有些白色的斑點,在好奇心的驅
使下,他繼續觀察研究其他的家畜,並且有了新的發現——牠們
也會產生相同的斑點,但是部位卻不相同。

　　最終他發現了,家畜身上的白斑與牠們的生活條件有很重要
的關聯。

魯利亞教授康復後，便依休養期間的發現，寫了一篇論文，題目就命名為〈由於無事可做〉，發表在莫斯科大學的學報上。

面對疾病、災厄……等等不如己意的情況，最重要的其實是讓自己的心情保持平靜，這將決定你最後是化阻力為助力，舉步向前邁進，抑或就此敗在惡劣的心情之下。

只要保持好心情，就不時會遇到好事情。

科學家們常說：「生活處處都是科學！」

他們從鳥兒的展翅高飛中，實現了人類飛翔的夢想，也從鋸齒狀的植物身上，得到了鋸子的靈感。我們可以這麼說，各種新奇科技的產生，全都源自於你我的日常生活中。

就像魯利亞一樣，具有相同研究精神的魏格納，也是在病中研究出「大陸漂移說」，因為科學家們都知道：「每一個研究或發明，都是為了讓人們有更好的生活，既然如此，研究的時間便不該局限。」

善用身邊一點一滴的資源，珍惜每分每秒的光陰，我們也能有全新的發現，創造生命的奇蹟。

扮演你最想扮演的角色

找出自己的人生方向，找回信心。唯有方
向清楚了，並有信心的相伴，才能真正地
找回自己的人生，扮演好人生的角色！

在人生舞台上，你最想扮演什麼樣的自己？什麼樣的生活才是你最想要的？你的興趣是什麼？

這一長串的問題，是每個人在認真面對自己的未來與人生時，非常重要的反省。對於我們自己的選擇，不僅沒有後悔的資格，更不能重新來過。

曾經流浪街頭的路克，一度是個對生活十分絕望的年輕人，當時的他總認為自己是個被社會排斥的「邊緣人」。

但是，當朋友們兩年後再遇見他，路克幾乎變成了另一個人，每個人看見他都直呼：「你，很不一樣喔！」

原來，現在的他已經是個大學生了，而且對未來充滿信心。

朋友們紛紛好奇地問：「這兩年來你發生了什麼事？」

路克笑著說：「也沒什麼事啦！」

接著，路克吸了一口氣，繼續說：「有一年，我幾乎失去了生活的動力，在最絕望的時候，我想起了我的父親，然後打了一通電話回家，傾訴心中的苦悶。父親聽完了我的情況，只說了一

句話：『孩子，好好地想一想吧！想像在天堂裡的你，回溯自己的一生時，會看見什麼樣的自己？或許那正是你一直渴望扮演的人生角色。』父親說完後便掛斷電話，雖然只有一句話，但是已經非常受用了。」

從路克父親的話中，你接收到了什麼樣的訊息呢？

其實，人們在徬徨無助的時候，最需要的並不是安慰，也不是別人給的機會，而是「找回自己」。

相信你也曾經徘徊在十字路口。站在岔路上，我們驚慌的原因並不是沒有去路，而是我們完全失去目標與方向，不知道下一步要往哪兒前進。

這個時候，再多的指引或路標都沒有用。因為此時，我們需要的不是路標，而是「心的方向」。

找出自己的人生方向，找回信心。

唯有方向清楚了，並有信心的相伴，才能真正地找回自己的人生，扮演好人生的角色！

純真就是神奇的魔力

 只需要忘記一些事，拋開一些俗物，看淡
得失，自然能找回生活的純真，開心享受
人生。

計較越多，心越容易囚困低谷；慾念越多，生活越是無法得
到滿足。凡事看淡一些，偶爾像孩子一樣微笑，你會發現一切全
是自己想太多了。

人生處處有機會，只要我們帶著簡單、純真的雙眼觀看世界，
即使遇見再多的敵手或麻煩，也不必擔心、害怕。

就像跌倒的小朋友所說的：「拍拍屁股就好啦！」

有一群人膽顫心驚地在黑暗中行走。

忽然，眼前出現了一道光芒，當他們越來越靠近光源時，這
才發現，居然有個長相奇異的鬼怪在火堆邊跳著奇怪的舞。

一看見怪物，所有人開始四處奔逃，還有人叫嚷：「快把怪
物殺了！」

就在這個時候，有個小女孩卻一動也不動地站在怪物的前方，
專注地看著怪物的舞動，似乎被那奇異而炫目的舞蹈吸引著。

接著，小女孩無懼地上前，並開始模仿鬼怪的舞姿，開心地
舞動了起來。

女孩的舞姿越來越美，越舞越燦爛……

在此同時，人們從擔心驚恐的神情，轉變爲驚奇與讚嘆，連魔鬼也看得出神。最後，居然連鬼怪也跟著小女孩的舞動，愉快地盡情舞蹈。

看著小女孩的舞動，你的心情是否也跟著愉悅了起來呢？

爲什麼孩子的微笑最迷人？

因爲，尚未被世界污染的孩子們，只會用最純眞而直接的心與人溝通。他們只懂得用最簡單的情感表達自己的情緒，所以他們的笑聲或話語，雖是童言稚語，卻是最眞誠的，是大人們無法抗拒的魔力！

其實，這個魔力每個人都渴望擁有，只是很多人都找不回來。因爲，我們已經很難像孩子們一樣，放下私慾與偏見，也無法忘懷得失，更甚者，還經常被外在事物干擾。

想不想找回這個魔力呢？

想找回其實一點也不難，只需要忘記一些事，拋開一些俗物，看淡得失，自然能找回生活的純眞，開心享受人生。

讓自己的腳步踏得更紮實

持守自己的長處，並盡力彌補缺點，讓每件事都能達到盡善盡美，這是每個人應該秉持的工作態度。

在職場上，別忽略每一個小動作。

即使只是彎腰鞠躬，如果做得不夠確實，人們也會對你的服務精神與溝通誠意大打折扣。

倘使別人的評價與你的認知出現差距，也別急著鬧情緒，責怪對方吹毛求疵。只要你願意虛心接受，用積極樂觀的態度面對現實，就能讓自己的腳步踏得更紮實。

喬治為了多賺點零用錢，每天都會出去幫人割草。

這天，他打了一通電話給強森太太：「請問，您需要割草工嗎？」

強森太太說：「謝謝，不用了，我已經請割草工做過了。」

喬治又問：「沒關係，我還可以幫您清除花叢中的雜草。」

強森太太又說：「謝謝，我請的工人也已經清乾淨了！」

喬治說：「我可以再將您的草地與走道四周，割得再整齊一點。」

強森太太笑著說：「喔，真的不用了，我請的那位工人做得

非常好，不需要有任何修補。謝謝！下次有機會再與您連絡囉！」

喬治聽完，只好掉掛電話。

這時，他的室友不解地問：「你剛剛不是才到強森太太家割完草嗎？怎麼打這樣的電話？」

喬治回答說：「嗯，我只是為了確認我是否做得夠好，有沒有令對方不滿意的地方。」

為了確認自己的工作是否合格，也為了找出缺點，喬治打了這通電話。這通電話代表的，不只是喬治的服務精神，還預示著他即將到來的成功。

持守自己的長處，並盡力彌補缺點，讓每件事都能達到盡善盡美，這是每個人應該秉持的工作態度。

虛心接受人們的批評，謙虛地接受人們的讚美，你才能在這些聲音中，聽見真正的建議，也才能及時找出自己的錯誤，修正缺失，讓成功的步伐每一步都踏得比別人紮實。

給自己一個正確的理財觀念

理財的目的與水庫儲水一樣，都要有量入
為出與儲蓄節省的觀念，懂得預留備胎的
人，遇到突發狀況，始終都能安然渡過。

仔細算算你曾擁有的手機有多少款？再仔細算算你的衣櫥裡，
有多少衣物只穿一次便無法再見天日？

每個人都有許多慾望，但有些慾望確實是多餘的，希望擁有
財富享受人生的人，除了要能辨別哪些東西是不需要的之外，最
重要的是，要懂得克制自己的消費慾望。

肯尼坐上了一輛出租的計程車，司機問他目的地後，又看了
一眼肯尼上車前放進車廂中的一個盒子。

司機好奇地問他：「年輕人，你盒子裡裝了什麼東西啊？」

肯尼忍不住抱起了盒子，開心地說：「音響！」

司機懷疑地問：「是嗎？那你花了多少錢買的？」

肯尼聽見司機用如此不屑的口氣，原本喜悅的情緒有些消失，
他回應道：「約四十美元。」

司機一聽，立即發出更瞧不起人的口氣：「喔！四十美元
啊！」

肯尼想到自己好不容易擁有的小音響，忽然被人用這般口氣

否定，心中十分不悅，他想：「我開心最重要，沒有人可以破壞我的購物情緒。」於是，他反問司機：「那你認為我該買什麼樣的音響才對呢？」

計乘車司機聽見肯尼這麼問，似乎正中他的下懷，於是用著專業的口吻說：「嗯，我認為，你應該買像我車上的這個音響系統……」

沒想到司機話匣子一開便停不了了，他一路不僅介紹車上的音響，還詳細地介紹他家中的高級音響設施與選購過程等等，而肯尼也乖乖地坐在車上，靜靜地聽著司機約二十分鐘的吹噓。

司機一路講了許多專業術語，肯尼問他：「你買了那麼好的音響設備，但是你能把音量調得很大嗎？那不會影響鄰居嗎？」

只見司機驕傲地回答說：「我是個有水準的人，當然不會影響到鄰居們，我在屋裡做了很嚴密的隔音處理，如此一來，不管我的音響開得多大聲都不會影響到任何人。」

忽然，車子停了下來，原來目的地到達了。

就在這個時候，準備下車的肯尼問了司機一個問題：「我想問一下，你那套音響要多少錢？」

司機很大聲地說：「那不便宜喔！大約要一萬九千美元。」

肯尼又問：「哇，果真不便宜，那你打算花多久的時間租這車子呢？」

司機一聽，聲音忽然降低了下來，答道：「可能會一直開下去吧！我沒有錢投資買車，而且目前存的錢還不夠養老。」

翻開你我的記帳本，仔細研究其中支出的明細，然後，有多少人能微笑著說「我這個月沒有透支」或「我不必再存款轉帳給

信用卡公司」？

現實生活中，確實有許多人都像故事中的司機一般，爲了滿足虛榮心而過著奢華的享受。他們堅持著人生就是要即時行樂的態度，即使明知未來堪慮，但在慾望的誘引之下，仍然樂於當「月光光」族的一員。

每個月的生活費都透支，你眞的快樂嗎？

當信用卡又刷爆了，下個月的帳單又再累積了一筆無法支付的龐大數字時，有多少人不會發出懊悔聲？

生活不是只有一天，財富也不是每天都有累積，理財的目的與水庫儲水的意義一樣，都要有量入爲出與儲蓄節省的觀念，畢竟懂得預留備胎的人，萬一遇到突發狀況，始終都能安然渡過。

你不害怕自己的未來景象，只剩一間空房子和一部老舊的音響嗎？

人生是串連的，不只僅有當下，過去沒有好好地糾正自己的理財觀念，那麼我們不妨從現在重新開始。

如果你自知是個自制力不夠的人，那麼請把成堆的信用卡剪掉一些，把現金卡全部丟掉，然後每天約束自己的花費。

慢慢地你將發現，原來債務減少的感覺，不只是生活和心理的壓力減少而已；還看見了自己的未來，將是一派輕鬆地坐在搖椅上，安詳且快樂地享受晚年的景象。

保持冷靜，
才能做好臨場反應

只要有實力，又有熱情，

累積的經驗也差不多了，

任何突發的狀況都是表現

才華的最佳機會。

由小動作窺見你的生活態度

 萬事都是從小處著眼，態度嚴謹的人都知
道，即使成功近在眼前，也不能輕忽成功
前的每一個小步伐。

古人有云：「天下大事，必作於細。」

想實現大目標，就得從小地方開始。從細微處開始奠基，才
能建構出四平八穩的支架，支撐住你的夢想天空。

有間公司因為新購了一輛公務車，必須增聘一名司機。由於
待遇不錯，來應徵的人非常多，韓德森也是其中之一。

其實，韓德森才剛從監理處拿到駕照，迫於生計只好硬著頭
皮去應徵。

和大家一樣，韓德森應試時也是載著經理與主任上路，自知
機會渺茫，韓德森開起車來更加小心，只是再怎麼小心，難免還
是會有狀況出現。

就在最後一個路口，韓德森突然踩了一下緊急煞車，這個舉
動讓經理和主任都嚇了一大跳。待大家都回過神之後，只聽主任
有點生氣地罵道：「你在幹什麼？為什麼不開過去？」

韓德森怯怯地說：「前方有盞紅色警示燈。」

主任看了看，不滿地說：「這裡又沒警察，也沒有其他行人

或車輛，幹嘛那麼死腦筋呢？靈活點，快開車啦！」

在這個僻靜的交叉路口，韓德森抬頭看了看閃爍的指示燈，忽然心情一鬆，認真地回答：「對不起，我必須尊重這盞燈！」

主任一聽，不以為然地給了個煩躁不耐的眼神，但是，坐在後座的經理卻是眼睛一亮。回到公司，經理立即向所有應試者宣佈：「我們決定錄取韓德森！」

這個宣佈不僅讓主任大為吃驚，連韓德森自己也是滿臉懷疑。這時經理笑著上前，對韓德森說：「雖然在駕駛技術上，你還需要加強，不過在員工特質上，你非常符合本公司的要求。」

你是否也很好奇，為什麼一句「尊重」，韓德森就能夠錄取了呢？

理由其實很簡單，韓德森不只是尊重那盞燈而已，其中還包括了他的守法態度，與行車安全上的自我要求。

因為韓德森的不投機、不取巧，自然是經理心目中的最佳人選，畢竟他可是將生命託付在韓德森的手中。

一個人的工作與生活態度是無法隱藏的，也許你的信心不夠，經驗也不足，但是只要態度正確，這些不足處終究能彌補得了。

因為，你用什麼樣的態度生活，很自然地就會表現在你的一舉一動中，身旁的人也會看得一清二楚。

一如韓德森的「尊重」，我們日常生活中所表現出來的每一個小動作，不會只有一個代表意義。

萬事都是從小處著眼，態度嚴謹的人都知道，即使成功近在眼前，也不能輕忽成功前的每一個小步伐。一旦在最重要的關頭鬆懈心思，即使是個小溝渠，也會就此一蹶不起。

保持冷靜，才能做好臨場反應

只要有實力，又有熱情，累積的經驗也差
不多了，任何突發的狀況都是表現才華的
最佳機會。

老是因為突發狀況不知所措的你，別再用情緒面對事情了。

在這種時刻唯一能做的，就是先讓情緒冷靜下來，因為，這
是真正發揮實力的重要機會。

惠妮還是個十幾歲的小女孩時，便已經跟著母親，一起在樂
團裡合唱演出。當時樂團發起人錫西也發現了她的歌唱天分，對
於她獨特的唱腔與音感非常注意。他相信，小惠妮終有一天必定
能用歌聲征服世界。

於是，他與小惠妮的媽媽商量，要好好地培養她的歌唱才能，
並捉住一個最適當的機會，讓她展現才藝。

就在惠妮十七歲的那年，有一天，她正在為當晚的表演做準
備時，忽然接到媽媽打來的電話。電話的那端說：「孩子，媽咪
的聲音啞了，今天恐怕無法唱歌了。」

惠妮一聽，緊張地說：「媽咪，那怎麼辦？我無法一個人上台
表演啊！」

惠妮的母親聽見女兒這麼緊張，連忙安慰她：「孩子，放心

好了，妳一定行的，因為妳的歌聲非常的棒，每個人都會為妳著迷的！」

惠妮聽見媽媽的安慰，情緒緩和一些，卻仍擔心地問：「可以嗎？」

「放心，妳一定可以的，媽媽會為妳加油！」

聽見媽媽溫柔的安慰與打氣，惠妮的信心也增加了不少。

於是，這個夜晚便成了「惠妮之夜」，她正是從這個夜晚開始，成了美國家喻戶曉的頂尖歌手。

事後她才知道，原來這是媽媽和錫西一起策劃的「意外」。

媽媽還說：「我知道妳一定可以做到的，因為，只要妳真心喜歡唱歌，就一定會盡力完成！」

就像惠妮的媽媽所說，只要有實力，又有熱情，累積的經驗也差不多了，任何突發的狀況都是表現才華的最佳機會。

不管問題多難，都一定能迎刃而解。

不必擔心生活中的突發狀況，不用驚慌，要保持鎮靜，因為許多成功者都曾這樣回憶著：「要不是那一個意外狀況，也許我到現在還是沒沒無名！」

不要讓心情做決定！仔細想想，能讓我們發揮臨場反應的機會其實不多，一旦遇見時，只要能夠冷靜地面對，那將會是嶄露光芒的關鍵時刻。

讓生活價值轉個彎吧！

生活的價值並不會因為黃澄澄的金塊而更添光芒，反倒是那樸實的水花，最能激起你的精采人生。

　　星雲大師曾說：「錢本身雖然沒有什麼善惡是非，一旦運用不當，就是『是非』，就會造業。」

　　也許有人會說：「那就好好地運用啊！」問題是，「慾望」是人們最難克制的情感，只要稍稍鬆動，即入「是非」。

　　有兩個墨西哥人沿著密西西比河往上淘金，當他們來到一個岔口時，決定分開前進，一個沿著俄亥俄河前進，另一個則沿著支流阿肯色河前行。

　　十年後，這個沿著俄亥俄河前進的人，真的找到了金砂，決定要在此定居。他不僅興建了一個碼頭，還修築公路，用心地將居住的小地方，發展成為一個大城鎮。

　　幸運的他不禁想起另一位伙伴，自從分手後，沿著阿肯色河前進的友人就再也沒有消息了。

　　據傳另一個淘金客似乎沒他幸運，有人說他已經葬身魚腹，也有人說他已經回去墨西哥了。不過，這些都只是傳言，沒有人能夠證實它們的真實性。

直到五十年後，有人在阿肯色當地發現了一個將近三公斤的天然金塊，人們才知道他的行蹤。

　　當時，有位記者對這個金塊做了追蹤。

　　他收集到的消息是：「這個全美最大的天然金塊，是來自於阿肯色的一位年輕人之手，據說是這個年輕人在住家後院的魚塘裡撿到的。不過，從年輕人的祖父留下的日記中，人們發現，這個金塊其實是他的祖父扔的。」

　　日記上是這麼寫的：「昨天，我又在溪水中發現了一個金塊，比起去年淘到的那個更大，唉，這麼大的金塊，眞不知道是否要拿到城裡去賣？」

　　雖然，這一頁寫著一段猶豫，但在第二頁，他卻果斷地有了決定：「如果賣了，肯定有人要追問金子的來源，然後人們便會蜂擁而至。那麼，我和妻子親手搭起的溫暖木屋，以及美麗的莱園與池塘，恐怕都要遭殃了。夜晚的寧靜將會消失，山雀的美妙歌聲也將被開墾的聲音覆蓋，草原與樹木將被無情地踐踏、折損，所有源自於天地的自然風貌與美麗都將消失。

　　不行，我絕不讓這種事情發生，我寧願看著池子被這塊大石頭激起水花，也不願意讓這一切從我的眼前消失！」

　　每個人的價值認定原本就莫衷一是，「金錢是不是生活的唯一」更是眾說紛紜。有人認爲「沒有錢，萬萬不能」，不過，有人卻這麼想：「錢多煩惱多。」

　　就像故事中的兩個淘金客，不同的決定成就了不同的結果，你認爲哪一個的生活最爲享受？

　　我們不能否定金錢的功能，只是在汲汲營營於追求財富時，

你有沒有發現，生活中似乎失去了更多的東西？這些沒有預警的失去，總是等到你再也無法從金錢上獲得滿足時，才會發現，真正的無價之寶原來曾經是那樣地貼近，曾經帶來如今你最渴求的幸福與快樂。

　　「人為財死」，當財富帶來的不再是快樂時，就讓生活價值轉個彎吧！

　　就如大家所熟知的，生活的價值並不會因為黃澄澄的金塊而更添光芒，反倒是那樸實的水花，最能激起你的精采人生。特別是在光的照耀下，更能閃爍出無限的生命光彩！

不要因為壓力而否定自己

看見別人的成就與自信，我們可以讚嘆也可以欣羨，但是，我們一點也不需要躲藏，更沒有必要自卑。

　　不管你是富還是貧，也不管你是大老闆還是小員工，從最基本的生活角度來看每個一人的價值，你會發現，其實你和我都是站在同等的位置上。

　　自卑的來源，絕對不是源起於人們的壓力與否定，而是在於自己的心中，早就否定了自己。

　　有一年夏天，一個八歲的小男孩與同學結伴，到另一個同學的爺爺家玩。同學的爺爺是個退休將領，住在一座獨棟的兩層樓內，院子裡有一個紅磚砌成的小花圃，環境非常清幽。

　　對這個從小居住在稻草屋裡的小男孩來說，簡直是人間仙境，眼前的美麗景色令他驚嘆：「這裡實在太美了！」

　　門打開時，另外兩個同學一起走了進去，但小男孩看著乾淨明亮的猩紅色地板，卻怎麼也不敢踩上去。

　　就在他遲疑的時候，同學的爺爺居然不留情地把門猛地關上。

　　這個舉動讓男孩嚇了一大跳，他沒想自己居然會被關在門外，自尊心有點受傷的男孩，忍不住哭著跑回家。

媽媽聽完男孩的訴苦，心疼地擦乾他的眼淚說：「再漂亮的地板也是讓人踩的啊！不要自卑，再漂亮的地板都會留下我們的腳印，不是嗎？」

　　媽媽的話，深深印在男孩的心裡，這是他第一次學習到自尊的意義。

　　從此以後，不管地板多麼昂貴美麗，他都昂首闊步，往前邁進，因為他知道，自己永遠比「地板」尊貴。

　　只要人窮志不窮，就沒有人能否定我們的價值。

　　就像媽媽說的，再漂亮的地板都會留下我們的腳印，那不是要我們用否定別人的方式來增強自己，而是告訴我們：「人沒有自卑的需要！」

　　「價值」的認定，長久以來被人所物化了，許多人習慣用財富或外在的包裝來表現自己。然而，在一層又一層的包裝底下，我們的心是否也如外在一樣耀眼呢？

　　看見別人的成就與自信，我們可以讚嘆也可以欣羨，但是，我們一點也不需要躲藏，更沒有必要自卑。那些成就是他們努力得來的，我們只要比他們更加努力，一樣能有相同的成就。

不要讓後悔佔據人生

現在就靜下心，反省今天的自己，我們不必成為偉人，但可以讓自己生活在最真實的人間天堂。

能自省，才能減少生活的錯誤；肯自省，才能從錯誤之中汲取經驗和教訓。

因為自省，因為改過，我們的人生才不會有後悔。

藍薩姆是美國紐約州最著名的牧師，因為他無私的奉獻精神感化了許多人，讓他不管是在富人區還是貧民區，都享有極高的聲望。

已經八十四歲的藍塞姆，因為健康問題不再四處奔走，如今他只想用最後的生命時間，把自己對生命、生活與死亡的想法寫下來，與世人分享。

但不知道為什麼，他怎麼寫都寫不出心中想要表達的東西。

有一天，一位老婦人滿臉哀戚地來找他，請求他：「我的丈夫病危了，他臨終前很想見見您。」

藍薩姆不想讓這位婦人失望，便在家人的攙扶下，前往探視。

婦人的丈夫是位布莊店的老闆，七十二歲，年輕時曾經和著名的音樂指揮家卡拉揚一起學習小號。

他說：「我非常喜歡音樂，想當初，我的成績遠在卡拉揚之上，老師也非常看好我的音樂前途。但是在二十歲那年，我卻迷上了賽馬，從此荒廢音樂，唉，我只能說真是悔不當初。」

老先生嘆了口氣，又說：「如今生命就快結束了，回想庸碌的一生，心中實在有太多遺憾。不過，等我到了另一個世界裡，絕對不會再做這樣的傻事了。牧師，我想請求上帝寬恕，再給我一個學習音樂的機會吧！」

藍薩姆點了點頭說：「我知道，你放心吧！上帝會給你這個機會的，我還要謝謝你，這番話讓我很有啟發！」

藍薩姆回到教堂後，立即找出他的日記，並將人們臨終前的懺悔編輯成冊，因為他發現，不論自己怎麼闡述生死，都不如這些臨終的話來得懇切。

這本書他取名為《最後的話》。

很不幸的是，在芝加哥麥金利影印公司承印這本書時，當地發生了一個大地震，藍薩姆的日記在地震引發的火災中付之一炬。

發生這樣的事，藍薩姆非常難過，因為那年他已經九十歲了，無法回憶起全部內容，即使想得起來也來不及了。

藍薩姆在一九七五年去世，臨終前他對身邊的人說：「在基督畫像的後面，有一只牛皮紙袋，那裡有我留給你們的『最後的話』。」

藍薩姆被葬在新聖保羅的大教堂裡，墓碑上則工整地刻印著他的手跡：「假如時光可以倒流，世上將有一半的人會成為偉人……」

如果真的能時光倒流，就像藍薩姆所說的，這個世界會是最

美麗的人間天堂。問題是，人死不能復生，那藍薩姆的這番話是什麼意思呢？

如同曾子的「吾日三省吾身」，目的是要提醒人們，不想人生有任何遺憾，就要隨時自我反省，不斷地修正自己的方向。

不想等到臨終前才悔悟，現在就靜下心，反省今天的自己，我們不必成為偉人，但是，絕對可以讓自己生活在最真實的人間天堂。

就像藍薩姆的遺言告訴世人的：「只要心中沒有一絲悔恨或遺憾，你就已經生活在天堂了。」

失去理性，只會讓自己陷入不幸

我們真正要迎接的，不是別人的生活而是
我們的人生，可以享受快樂，又何必陷入
嫉妒的苦悶深淵？

在強烈的嫉妒心作祟下，因爲見不得別人比自己好，有些人
成了危險至極的不定時炸彈。

不要讓嫉妒的心情遮覆理性，人一旦妒火燃燒，不僅會燒出
社會問題，也燒燬了自己的人生。

有一個人很幸運地遇見了上帝，此人一看見上帝，便急著說：
「上帝，請你讓我實現願望吧！」

上帝微笑著說：「好，從現在起，我可以滿足你的任何願望。
不過，有件事我必須讓你知道，不管你要求的是什麼，你的鄰居
都會得到相同的滿足，而且是雙倍的。」

這個人原來聽得很開心，但是一聽見「鄰居雙倍」，心中卻
不平衡了：「這怎麼對？要是我得到一份田地，那隔壁的就能得
到兩份；如果我得到一箱金子，那他不就平白無故地獲得兩箱金
子。還有，如果我想要一個絕色美女，那個注定要一輩子光棍的
傢伙，不就能左擁右抱了！」

這個人想了又想，仔細思量了又思量，最後卻一個願望也想

不出來，只因他心有不甘，不想讓鄰居佔到任何便宜。最後，他咬了咬牙，居然對上帝這麼說：「萬能的主啊！請挖去我的一顆眼珠吧！」

是什麼樣的盲點，讓故事中的人失去了理性呢？難道真的是「人不自私天誅地滅」？

當你糾結著心，嫉妒著對方的幸運與快樂，又或是期待著對方出錯與不幸時，你又獲得些什麼？

寧願挖掉自己的眼睛，也不要讓別人佔到任何便宜的心態，是許多斤斤計較的人最常表現的。想盡辦法讓對方失去雙眼，卻忘了自己因為心盲，而早已雙目失明了！

鄰居得到雙倍又如何，兩個人擁有的其實都是相同的「一個快樂」，但是，當你反求痛苦時，你以為是相同的痛苦，其實只有你獨嚐！

心中藏怨，痛苦的人不會是別人而是自己。

希望快樂的生活，就要懂得分享，不管是從別人身上得到的，或是從自己身上分享出去的。因為，我們真正要迎接的，不是別人的生活，而是我們的人生，可以享受快樂，又何必陷入嫉妒的苦悶深淵？

沒有實力的人最會急功近利

萬物的組成重在分工，而且是各司其職，
各有所專。沒有人可以是萬能的，也沒有
人必須成為萬能。

缺乏實力的人，往往急於展現自己的能力有多強，處處展示
自己的知識有多廣，自曝其短的結果，反而徒留笑柄。

沒有真材實料，牛皮吹久了還是會破的。

自從愛因斯坦的「相對論」問世後，各院校便競相邀請他去
演講。

有一次，在前進演講場的途中，他的司機說：「博士，您的
演講我已經聽了好幾百場，我想，如果我能上台，必定能跟你說
的一樣好。」

愛因斯坦笑了笑說：「這樣嗎？好啊，反正這所大學沒有人
認識我，今天我就給你這個機會試試囉！待會兒我扮司機，你就
當愛因斯坦吧！」

司機一聽，得意地說：「沒問題！」

司機的演講，果真贏得了如雷的掌聲。

就在這個時候，有位教授提出了一個問題，這個問題卻是他
從未聽過的，尷尬的他當場呆立在台上，一句話也說不出來。

直冒冷汗的司機，立刻望向愛因斯坦，卻見愛因斯坦微微地笑著。

他忽然靈機一動，對著這位教授說：「這個問題太簡單了，就讓我的司機來回答吧！」

愛因斯坦一聽，笑了一聲，立刻上台解圍。

回途中，司機不禁心服口服地對愛因斯坦說：「事實證明，我只能當司機，而你才是真正的科學家。」

我們常說的「隔行如隔山」，正是這則故事的旨意。

在急功近利的今天，很多人只略懂皮毛，就急著大放厥辭，認為自己已經可以大展身手了。

但就像故事中的司機一樣，一旦遇上考驗實力的時候，肚子裡有多少墨水，人們一試便知。能力夠不夠紮實，累積的經驗是否足夠，只需要一個小問題就能夠測驗出來。

每個人都會有他專精的地方，就像愛因斯坦的司機，他自有專業範疇，相信在這個部分，愛因斯坦必定有不及的地方。

萬物的組成重在分工，而且是各司其職，各有所專。沒有人可以是萬能的，也沒有人必須成為萬能，只要知道術業專攻的重要性，自然能從專業的領域中，無限伸展。

等待是爲了不再錯過未來

在工作與財富之外，

我們還有許多經歷要去體驗。

學會等待，才能靜靜地享受蔚藍天空

帶給人的舒暢感受，

也才能看見生命的美。

心胸開闊就能填平彼此的鴻溝

善用相互扶持的心，一起迎向和平的未
來！把彼此的鴻溝填滿吧，只要心中充滿
善意，每天醒來都會是個微笑的開始。

　　愛與和平的眞實意義，其實不必借用宗教的旨意，只需簡單
地想：「我希望快樂生活嗎？」假如你希望，那麼我們只要讓心
胸再開闊一點，不過度自私，也不再斤斤計較，懂得分享的眞諦，
用心與人交往，人生不快樂也難。

　　這是發生在美國內戰時期的一個眞實感人的故事。

　　在血腥的戰場上，雙方士兵傷亡無數，戰火仍不斷地持續著，
躺在地上的傷兵們也無法及時救援。遍地的哀號聲讓人聽得心驚，
有個名叫柯克蘭的士兵，實在受不了這些痛苦的哀號聲，跑到指
揮部向長官說：「請讓我送水給傷兵們喝吧！」

　　但是，指揮官卻反對：「不行，現在戰火猛烈，太危險了，
我不能再折損任何一個士兵。」

　　柯克蘭卻非常堅持：「您放心，我一定會平安回來的，請讓
我去吧！」

　　指揮官見柯克蘭如此堅決，心中非常感動，只好答應他：「去
吧！但是，你一定要平安回來！」

柯克蘭點了點頭，並用宏亮的聲音說：「是！」

柯克蘭提著水，跳出遮掩的壕溝，開始他的救援行動。

當他靠近第一個傷兵時，沒想到卻是敵方士兵，兩個人目光一遇上，盡是複雜而驚奇的神情。柯克蘭頓了一下，接著便毫不猶豫地扶起了傷者，把手上的水送入他的嘴中。

這時，敵方的士兵看見對手居然救起了自己的同伴，都忍不住停下攻擊行動。就這樣，柯克蘭花了近一個半小時的時間，來來回回地照顧所有的傷者，其中包括好幾名敵方的士兵。

他像母親一般地照料著自己的孩子，這個舉動不僅感動了對方，也感動了自己人。戰火帶來的敵意與仇恨，似乎在他的善意中逐漸被澆熄。

每當在看戰爭片時，最讓人動容的，並不是愛國的決心和毅力，而是相互扶持的愛的本能。

在這個人人祈求和平的世界，兵戎相見的情況減少了，但是沒有真實的戰火卻不代表沒有「戰事」，看似和平的社會中，由於人們的私慾與企圖，已經發展出另一種社會「戰爭」，其中的傷亡一點也不輸真實的戰火。

為了爭奪市場，有人故意設計陷阱，讓對手陷入火坑。為了搶奪財富，更有人殘害別人的生命，這些都比槍彈來得更加無情，不是嗎？競爭越激烈，越要發揮合作的精神，沒有人能獨自一個人存在，何不善用相互扶持的心，一起迎向和平的未來！

把彼此的鴻溝填滿吧，只要心中充滿善意，每天醒來都會是個微笑的開始。因為我們知道，不管遇見多麼大的風暴，身邊的人都會與我們相互扶助，共渡眼前的難關。

等待是為了不再錯過未來

在工作與財富之外，我們還有許多經歷要去
體驗。學會等待，才能靜靜地享受蔚藍天空
帶給人的舒暢感受，也才能看見生命的美。

考門夫人曾經如此說：「在沒有把握的時候，你要等待；當心中有疑惑的時候，也要等待。」

這是因爲，任何勉強與急躁的行動，並不會讓你提早實現願望，反而會讓你一次又一次的錯過。

公園裡，有個年輕的小伙子坐在石椅上，不時地四處張望，似乎在等待著誰。滿臉焦躁的他，還不時地喃喃低語著：「她怎麼還不來？我這麼早來，她爲什麼不也早點到呢？」

公園裡的景色相當美麗，但是個性急躁的小伙子卻無心觀賞。

忽然，有個小矮人從樹上跳下來，使盡全力罵了一聲：「別吵！」接著搖了搖頭，說：「別那麼悶悶不樂，拿去吧！」

只見小矮人拿出一個盒子，上面有個旋轉鈕，他說：「只要把它向右一轉，你想把時間停在哪裡就是哪裡，想要時間走多遠就有多遠！」

年輕人立即轉動旋轉鈕，開心地想：「我要立刻來到約會的時間。」

當他抬起頭時，情人果然出現在眼前，情意綿綿地說：「我來囉！」

年輕人一看，驚奇不已，這時他又想：「如果，我能立刻來到結婚的現場，那不是更好？」當他這麼想時，一隻手也不自覺地轉動了時間鈕。

直到結婚進行曲忽然在耳邊響起，年輕人這才回神：「太神奇了！我真的和她結婚了。」

年輕人看著身邊的美麗新娘，幸福地沉醉在新婚的氣氛中，當人們紛紛上前祝賀時，年輕人的手忽然碰觸到那個神奇的旋轉鈕，轉念間他又想：「還是讓婚宴快點結束吧！」

於是，他又轉動了一下，這一次時間來到了第二天的夜晚，看著身邊的妻子，手上的旋轉鈕仍未放下，年輕人的手也不斷地轉著……。

「度年如日」的他，完全沒有思考到後果，就在不知不覺中，已經來到了老態龍鍾的時候。

此刻，他正臥病在床，旋轉鈕也仍然在他手中，只是，已經老得沒有力氣的他，似乎連扶著時間鈕的力量都沒了，更別提「轉動」的力量。

他在這個時候醒悟：「我怎麼那樣心急呢？都還沒仔細享受生命，我怎麼能老去死去呢？怎麼辦？還是回到開始，慢慢地享受人生吧！」

只見他用盡全身的力氣，努力轉動著時間鈕，心裡想著：「讓我回到等待約會的那天吧！」

「啪！」一聲，時間鈕終於轉過去了。

「還好只是一場夢！」當他睜開雙眼時，發現自己仍然在大樹下，等待著他的可愛情人。

「南柯一夢」其實也不錯，就像故事中的年輕人，這場夢讓他明白：「即使是等待也有意義，因為等待，讓人們在實現願望後更懂得珍惜。」

　　每個人的願望都很多，人人都希望能早日實現，不願等待，許多人就像年輕人一樣，想讓手中的時間快速轉動，焦急地兩步併作一步前進。

　　於是，我們看見他們的步伐越跨越大，甚至有人還急得猛然一躍，接著卻是重重地跌落在地上。

　　步伐別再那麼急促了！生命是用來享受的，不是爲了完成什麼樣的功名。在工作與財富之外，我們還有許多經歷要去體驗。學會等待，才能靜靜地享受蔚藍天空帶給人的舒暢感受，也才能看見生命的美。

留一隻眼睛看自己

能夠自我反省的人，凡事都會先反求諸己，，會自我反省的人必定自制，不會任由自己一再出錯。

為了達成己的目標，人們總是不顧一切地往前衝，專注的目光也習慣放在很遠的地方。

但是，別忘了留一隻眼睛看看自己腳下急躁的步伐該往哪裡踩，別老是輕忽、略過最重要的一步。

日本江戶時代有位非常知名的劍客，名叫宮本武藏，希望向他拜師學藝的人非常多，後來成為名劍客的柳生也是其中之一。

前來拜師的第一天，柳生恭恭敬敬地來到宮本的面前，請教道：「我想請問老師，依我的資質，您認為要練習多久才能成為一流的劍客呢？」

宮本回答：「嗯，最少也要十年。」

柳生吃驚地說：「什麼！要十年啊！這麼久？老師，如果我加倍努力地練習，又要多久才能成為一流的劍客呢？」

宮本點了點頭，說：「嗯，那就要二十年了！」

柳生這會兒更吃驚了，他問：「二十年？老師，為什麼我越努力練習，想成為一流劍客的時間反而越久呢？」

宮本冷冷地答道：「要當一流的劍客，得留一隻眼睛時刻地留意自己，不斷地反省。反觀你，兩隻眼睛全都緊盯著『有名的劍客』的招牌，哪還有空注意自己呢？」

聽到老師的這番話，柳生頓時醒悟，從此不再提起如何成功，只問自己是否更加精進。

當他夢想實現時，人們問他如何成為一代名劍客，他說：「留一隻眼睛看看自己！」

法國作家莫泊桑在《橄欖田》裡寫道：「人生森林裡的迷人歧路，原是由人類的本能和嗜好，以及慾望所造成的。」

如果你不想成為人生旅程中的歧路亡羊，那麼就有必要提醒自己不要太急躁，不要太急功近利。

成功其實沒有什麼特別的秘訣，只要我們能「留一隻眼睛看自己」，成功自然指日可待。

能夠自我反省的人，凡事都會先反求諸己，會自我反省的人必定自制，他們不會為了急於成功，任由自己一再出錯。

為了不讓步伐走偏，他們只會專注於眼前的道路，踏實地累積自己。因為他們知道，在成功的道路上速度不必太快，只要方向沒有迷失，成功的目標終有一天會達成。

「唯一」代表著自己的期許

「唯一」還包括著另一層意義，是對品質的堅持和對自己的期許，代表作的珍貴與經典意義便在於此。

成功不需要昭告天下，因為沒有幾個人懂得你一路累積的辛苦。好不容易成功了，也沒有必要自滿，因為很多時候，對手就在你志得意滿時，默默地超越了你。

美國著名作家瑪格麗特．米契爾，曾經被邀請參與一場世界筆會。

由於大會當時沒有為與會人士準備名牌，因此，在那個媒體不甚發達的年代，不管你的名聲多麼響亮，多數人仍然不認識，除非作家主動地自我介紹。當時，坐在瑪格麗特身邊的，是一位匈牙利作家，這位作家看著身旁衣著簡樸、態度謙恭的女士，猜測她「看來是新人」。

於是，只見他以一種自滿的神情，與瑪格麗特聊了起來。

他問：「請問，您是一位職業作家嗎？」

瑪格麗特說：「是的，先生！」

他點了點頭，繼續問道：「那麼，您的大作有哪些，可否介紹一下？」

瑪格麗特謙虛地回答：「談不上大作，我只是偶爾寫寫小說而已。」

　　這個匈牙利大作家一聽，瞪大了眼睛，說：「喔，您也寫小說嗎？那我們可算是同行了，我也是寫小說的，到目前為止，我已經出版了三百三十九本小說。不知道您寫了多少部呢？」

　　瑪格麗特微笑地回答說：「我其實只寫過一部而已，書名叫做《飄》。」

　　瑪格麗特話才說完，匈牙利作家瞪大了眼，有點呆住了。

　　把「著作等身」但是名不經傳的作家，與經典名著《飄》的作者相互比較，其實我們不難發現，真正能代表作者的經典作品，幾乎零星可數。

　　即使在作者簡介中寫著「著作等身」，能夠流傳、記憶在每一個人腦海裡的，經常是那「唯一」的一本。

　　因為，雖然只有一本，這本「唯一」還包括著另一層意義，是對品質的堅持和對自己的期許，代表作的珍貴與經典意義便在於此。所以，「著作等身」並不能代表你的不凡，只因經典不需要多，就像瑪格麗特，一本就夠了！

用謙恭架起成功的世界

真正有身分地位的人，其實比一般人更知
道「高處不勝寒」的道理，所以他們的生
活態度往往比你我更加謙恭。

　　有本書中提到，紐約的飯店業有句經典名言：「如果你想讓
飯店關門大吉，最佳的辦法就是放一個晚娘面孔的櫃檯小姐，再
加上一個骯髒的廁所，鐵定萬無一失。」

　　這段話提醒我們，再怎麼富麗堂皇的飯店也需要謙遜的服務
精神相互襯托，才能眞正贏得顧客的肯定。

　　有一天，諾福克公爵搭火車回家時，正巧遇見一位愛爾蘭的
小女孩。

　　這個女孩也是剛剛抵達車站，因爲她剛剛收到通知，準備到
諾福克公爵家當女傭。

　　由於城堡距離車站約一英哩，小女孩看著沉重的行李，不得
已只好請求搬運行李的工人幫忙：「我想請您幫個忙，幫我把這
個行李運到城堡好嗎？我願意以一先令做爲報酬。」

　　其實，這一先令是她口袋裡僅有的錢，然而即使她願意支付
金錢，搬運工人仍不願幫忙，並帶著不屑的眼神，拒絕了小女孩。

　　無助的女孩只好另外找人幫忙，這時候，公爵卻悄悄地走了

過來。穿著輕便休閒的他，親切地說：「妳好，小姑娘，我願意幫助妳。」

女孩聽見有人願意幫忙，開心地說：「真的嗎？太好了，您放心好了，我一定會支付您運費。」

於是，公爵提起行李，陪著小女孩一起朝著城堡的方向走去，兩個人一邊走著，一邊愉快地聊著天。不一會兒，他們便來到了城堡，公爵接下女孩的一先令，並說聲謝謝，便離開了。

直到第二天早上，女孩面見城堡主人時，才驚訝地發現，昨天幫她搬運行李的人，居然是諾福克公爵！

態度謙恭的人最能取得別人的信賴，那是因為謙和的態度，最能拉近人與人之間的距離，就像故事中的公爵與女孩。

把工人的不屑眼神與諾福克公爵的親切態度相比，我們可以發現，真正有身分地位的人，其實比一般人更知道「高處不勝寒」的道理，所以他們的生活態度往往比你我更加謙恭。

就像紐約飯店的經營哲學一樣，雖然得「彎腰低頭」，但是從這些細微的動作中，我們了解了：「虛心與謙卑，一點也不會損害你的身分地位，因為只有懂得謙和的人，才能永遠站在高處，而且絕不孤單。」

在非常時刻要有非常勇氣

只要認為自己的能力足夠，解決的方向正確，在非常時刻做個「有肩膀的人」，反而更能突顯自己的勇氣與才能。

詩人薩迪曾說：「理性被感情掌握，如同一個軟弱的人落在潑婦手中。」

當心情支配一切的時候，理智就會顯得無能為力。一個人在做任何決定時，如果受到患得患失的心情影響，行為便沒有自主權，最後只能無奈地受命運的宰割和擺佈。

只要不是逞匹夫之勇，在非常時刻我們都要發揮勇氣與智慧。

只要「有勇有謀」，每件事自然都會有一個圓滿的結果。

鋼鐵大王安德魯·卡內基成為名人前，曾經在鐵路工程公司工作。他當時還只是個臨時工而已，但是因為一場意外，讓這個小小的臨時工後來卻坐上了某個路段的車長之位。

有一天早上，卡內基在上班途中，遇上了一輛被撞毀的車子堵在鐵道線上的意外。

這個交通意外，讓鐵路運輸網絡立即陷入混亂，偏偏在這個重要時刻，掌管這段鐵路事務的車長不在，因為沒有人領導，所以每個人都不知道該如何是好。這時，卡內基心想：「在這樣緊

急的時候，該怎麼辦呢？」

每個人都知道，最保守穩當的方法就是維持原狀，等長官回來後再處理。因為，只有該路段的車長才有權力發號施令，若是貿然行動，一旦處理不當，不僅扛不起責任，還有可能被革職、處分。

但是，看著混亂的交通，卡內基實在無法置之不理。

最後，他果斷地發出命令，立即調度各個車輛與火車。當車長回來時，阻塞的交通早已解決，運輸線也暢行無阻。當車長知道這件事後，感到非常驚訝。不過，他卻什麼也沒有表示，連一句鼓勵的話也沒有說。

後來，鐵路局長知道了這件事，十分讚賞卡內基的機智與能力。不久，他被擢升為車長的私人秘書，幾年後，他更成為這條幹線的車長。

安德魯·卡內基在處理這件事情所表現的勇氣、信心與決斷力，就是獲得成功最重要的元素。

很多時候，我們明明知道眼前的問題若不即時解決，便會發生不可收拾的後果，然而很多人卻因為害怕擔負責任，習慣退縮、觀望，寧願讓事情惡化，發生更嚴重的後果，也不願插手讓事情有所轉圜。

其實，只要認為自己的能力足夠，解決的方向正確，在非常時刻做個「有肩膀的人」，一點也不會損害自己的權益，反而更能突顯自己的勇氣與才能，讓自己更有機會出人頭地。

熱忱會讓你美夢成真

成功的方法很簡單，只要盡情地發揮工作熱忱，誠懇地投入工作，夢想自然能轉眼成真。

不斷在抱怨工作的你，還找不出失敗的原因嗎？

或許，你該停下抱怨的心情，聽聽亞都飯店總經理的話：「心若改變，態度就會改變；態度改變，習慣就會改變；習慣改變，你的人生就會改變。」

在一個狂風暴雨的夜晚，有對老夫婦匆匆走進一間旅館要求訂房。但櫃台的服務生卻說：「對不起，這裡已經客滿了。」

看見老夫婦滿臉失望的神情，這位服務生連忙說：「先生、夫人，在這樣的夜晚，我也很擔心你們。如果你們不介意，今晚可以在我的房間住宿一晚，那裡還算舒適，我保證，你們一定能好好地休息一晚。」

老夫婦一聽非常感動，在服務生熱情的邀請下，他們最後接受了這份好意。第二天早上，老先生下樓要支付住宿費用時，發現那位服務生仍然在原來的位置上當班。

當老先生拿出錢時，服務生親切地婉拒說：「不必了，先生，我的房間是免費借宿給您的，昨天晚上我已經在這裡多賺了些錢，

房間的費用就包含在這裡囉！」

老先生感激地說：「像你這樣的員工，是每個老闆夢寐以求的人才，我希望將來有一天能為你蓋一間大飯店。」

年輕的服務生聽見後，只微微地一笑，他知道這是老先生的客氣話，所以也沒放在心上。在此之後，這位服務生在這間旅館工作了好幾年，有一天，卻忽然接到老先生的來信，信中還附上來回機票，邀請他到曼哈頓一遊。

幾天之後，他真的來到了曼哈頓，並在第五大道和三十四街間的一棟豪華建築物前與老先生相會。

老先生指著眼前的建築物說：「你還記得我說的話嗎？這就是我為你建築的飯店啊！」

服務生不敢相信地說：「您是開玩笑的吧？」

老先生微笑著說：「當然是真的，我的名字叫威廉・華爾道夫・愛斯道利亞，我請你來這兒，就是想請你管理這間飯店。」

這間飯店就是美國著名的華爾道夫・愛斯道利亞飯店的前身，這位年輕的服務生，就是第一任總經理──喬治・伯特。

相信，喬治・伯特怎麼也沒有想到，一份簡單的助人之心和服務熱誠，居然能換得一生的幸福。

「親切有禮」一直是服務業培育人才的重點，但是不管多麼「職業化」，每個人的真實情感終究無法隱藏。因此我們的工作態度是否真誠，對於工作有沒有熱忱，都會很直接地表現在我們的工作中。

其實，喬治・伯特的成功方法很簡單，只要盡情地發揮工作熱忱，誠懇地投入工作，夢想自然能轉眼成真。

做人要謙卑，但不需要自卑

遇到強勁的對手，我們一點也不必害怕，
因為再厲害的高手，也一定有他的弱點，
阻礙再大，也一定會有突破的空間。

　　爲了維護尊嚴，也爲了增強自信，我們不一定要用低姿態迎合他人。適度地表現你的信心，有時候也能達到嚇阻的作用！

　　越是面對棘手事情，越必須叮嚀自己，先將心情處理妥當再處理事情，千萬別讓心情影響自己所做的任何判斷或決定。

　　有個兵力強盛的國家在準備侵略某個弱小國家前，曾派遣一位使節到這個小國家談判。

　　只見使者滿臉傲氣地跨進皇宮，並帶著威脅的語氣說：「我們準備派一支千人軍隊進攻貴國。」

　　小國的君主一聽，立刻回應：「這可麻煩了！」

　　使者發現小國的君主似乎害怕了，便冷笑一聲說：「是不是害怕了？」

　　君王搖了搖頭說：「不，我只是擔心一個頭疼的問題，我國的監獄只能容下五百個人啊！」

　　使者一聽到這番話，不禁勃然大怒道：「哼！你聽好了，我軍使用的都是最先進的武器！」

君王聽了，便嘆了口氣道：「那我們就更不幸了！」

使者得意地說：「知道不幸了吧！」

小國君王說：「是啊！我國沒有什麼先進的武器，不過人人皆有一枝專打惡犬的打狗棒！」

面對不友善的挑釁，一定要記得先處理自己的心情，千萬不能任由心情代替理智做決定，如此才能做出最佳回應。

就像二次世界大戰時期，納粹首領戈林曾經這麼問過一名瑞士軍官：「你們有多少人可以作戰？」

瑞士軍官答：「五十萬人！」

戈林又問：「如果我帶了百萬大軍入侵，你們怎麼辦？」

瑞士軍官冷靜地回答：「很簡單，我軍每個人都開兩槍！」

遇到強勁的對手，我們一點也不必害怕，因為再厲害的高手，也一定有弱點，阻礙再大，也一定會有突破的空間。

所以，與其怯懦地臣服於對手，不如堅強地抬起頭回應：「只要有我，就一定不會輸！」

沒有貪念就不會受騙

天下沒有白吃午餐，

以為佔盡了對方便宜的人，

最後卻經常發現，自己竟然損失更多。

從不同的遊戲規則中找出共通點

 讓遊戲規則在腦海中多轉幾個彎，不僅能
減少因為過度堅持而產生的對立，還能讓
溝通空間變得更加寬廣。

每一個人都會有一些堅持，那是生活的遊戲規則，也是人生必須的規範，但因為每個人制定的生活規範不同，難免會遇到衝突，這時我們便要找出這兩個不同遊戲規則中的共通點，並找出其中可以變通之處。

如此一來，我們才能減輕心靈的負擔，讓生活變得更加靈活有趣，也才能讓彼此更明白互助合作的重要。

在丹麥的伊勒市有許多養狗人家，養寵物原本是件怡情之事，但是在人們錯誤的飼養態度下，狗狗的問題也越來越多。

一會兒是狗糞的衛生問題，一會兒是小狗在馬路上逛大街，造成嚴重的交通問題，甚至還因此而衍生不少人際關係上的糾紛，總之，狗多為患的情況越來越嚴重了。

於是，有人發起禁止養狗運動，當局面對愛狗與厭狗人士的對立情況也十分苦惱，法令並沒有禁止養狗的條文。

「這該如何是好？」主管們坐在會議廳裡苦惱地想著。

終於，讓他們想到了一個好方法。

原來，當地的私人轎車並不普遍，人們出門上街都得仰賴公共汽車，因而養狗人士便得帶著愛狗搭乘公車。

　　於是，市政府公告了一項新的地方法規：「在車上，人與狗不能同坐一個位置，必須分開來坐。如此一來，您的愛犬便算是單獨乘車，所以必須買票，並且必須依狗狗的數量計價。如果牠非得與主人一同乘車，那麼您的小狗便算是個人的行李，您得依『行李』擺放的位置，來安置您的小狗。」

　　狗不能乘車，這對狗主人來說十分不便，像是探訪親友或到公園遊玩等等，少了小狗同行便少了許多樂趣，但是若是陪伴狗狗步行到目的地的話，卻又十分累人，但一想到要把愛犬獨自放在家裡，他們又不放心。

　　總之，狗主人們想了一堆方法，最後都覺得十分麻煩，於是開始有人考慮別養狗了！果然，法規一頒佈之後，養狗的人變得越來越少了。

　　做事的時候必須用對方法，才能讓效果達到最大。如果你在事業、工作或生活上遇到瓶頸，那麼，就必須保持冷靜的心情，才能想出最佳的解決辦法。

　　冷靜是突破困境的最高智慧，可以讓自己頭腦清醒，不至於進退失據、患得患失。相信這個故事，對你會有所啓發。

　　看完這則故事，或許有愛狗人士要大呼不公，但是在這裡我們不需要在「狗權或人權」上多所著墨，因為在狗的問題之外，我們還看見了政府部門絕妙的處理方法。

　　他們沒有用法律來下達「禁狗令」，而是在他們所能掌控的公共區域中，以靈活的「人與狗不得同車」來區分，進而達到禁

制的效果。

　　他們輕輕地將約束帶入人們的日常生活中，當人們慢慢地感到不便，之後，便很自然地放棄養狗的慾望了。

　　其實，法令是僵硬的，立法與執法者則是活的，能讓遊戲規則在腦海中多轉幾個彎，不僅能減少因為過度堅持而產生的對立，還能讓溝通空間變得更加寬廣，這正是活化觀念的方法，更是促進人與人溝通的絕佳技巧。

　　所以，我們從故事中發現了一個寓意：「處理爭端的時候，彼此各進一步，然後各退一步，慢慢地，我們將看見一塊寬廣天地，一個能讓我們共享的生活空間。」

盡全力，人生就不會有遺憾

無論生活上遇見了什麼樣的困難，凡事都
能盡心盡力，那麼在沒有遺憾與生活中，
人生自然能耀眼奪目。

不希望人生有任何遺憾，只要你盡力去做就對了！

這是大多數成功者的結論，也是他們最基本的生活態度，更是讓他們擁有精采人生的唯一方法。

國際巨星茱麗葉・畢諾許的人生觀十分獨特，她認為：「人生最重要的一件事是能平靜地死去。」

當記者們聽見巨星如此說時，都吃驚地問：「為什麼？」

只見巨星帶著甜美的微笑說：「能平靜，是因為我們一生中必須做的事都完成了，所以可以死而無憾，平靜安詳地離開了。」

對畢諾許來說，人生有許多階段，而且每一個階段都會有不一樣的任務要做，當然也會有屬於該階段最重要的事得去實現。

她說：「十八歲時，最重要的事是學會獨立生活；開始工作以後，我們要仔細聆聽內心深處的聲音，知道自己想要追尋的夢是什麼。」

「那，您目前是屬於什麼階段？對妳來說，目前最重要的事是什麼？」

畢諾許甜蜜地笑著說：「我現在當然以家庭和小孩為重囉！」

「但是，您工作那麼忙，而且每一部片子幾乎都得到國外出外景，妳要怎麼安排時間呢？」

「即使出國拍戲，我還是有休息時間啊！我每天都會利用電話或傳真與孩子溝通談心，而這也是我調劑身心最好的方式。」畢諾許說。

我們可以這麼說，演技一流的畢諾許，不只是工作出色，更是一位好媽媽，懂得在工作與家庭之間找到平衡的她，生活也一定比常人都過得還要精采。

其實，我們也可以擁有這樣的精采人生，只要我們能像畢諾許一般，無論生活上遇見了什麼樣的困難，凡事皆能盡心盡力，那麼在沒有遺憾與生活中，人生自然能耀眼奪目。

你還在找尋豐富人生的方法嗎？

你根本不需要花那麼多時間找秘方，儘管生活的方式有很多種，但生活的態度卻只有一種，那正是畢諾許在故事中表現的旨意：「無論如何，凡事盡力去做就對了！」

減輕心靈負擔，才能享受人生

 不要索求太多東西，因為我們擁有的已經夠多了，只要你能充分應用，即使只有一根木棒也能讓我們創造不朽的將來。

歐洲有句諺語說：「一切都抓住，一切都失去。」

其實，日常生活，不應該只追求一切物質的享樂，也應該追求心靈的快樂，必須勇敢地拋掉一些生活上不必要的負擔，才能真正享受屬於自己的美麗人生。

生活越簡單，我們受困於慾望的機會便會越少；生活越簡樸，我們受制於慾望的羈絆便會越少。

只要我們不再被物慾所牽制，便能理出更多的時間和精力來實現夢想。

法布爾是法國著名的昆蟲學家，竭盡一生揭開了昆蟲世界的奧秘，也留下了《昆蟲記》這本不朽的著作。

有一天，科學家巴斯德來到阿維尼爾找法布爾，因為他知道，要找昆蟲專家，法布爾無疑是最佳人選。

法布爾見這位著名的科學家到訪，立即熱情地招待他。

一番暢談之後，巴斯德忽然在準備離去前向法布爾說：「能不能讓我看看你們家的酒窖？」

法布爾是個窮困的教師，哪裡會有私人酒窖呢？但是，巴斯德卻一再地要求：「請讓我看看您家的酒窖怎麼維護的！」

最後，法布爾敵不過巴斯德的好奇，只好指一指廚房角落裡的酒罈子，說：「先生，這就是我的酒窖！」

巴斯德一看，驚訝地看了法布爾後便匆匆離去。

一八六九年的秋天，有一天法布爾來到實驗室裡忙碌，忽然有個客人闖了進來，他只得伸著一雙被染得血紅的手上前接待：「原來是底律伊，你好！很抱歉，我竟穿著這樣簡陋的衣服接待你！真對不起，我雙手都染紅了，無法和你握手！」

親切的教育長底律伊看見法布爾如此緊張，便溫和地安慰他：「沒關係，我是故意挑這個時間來看你的，你在做什麼呢？」

法布爾簡單地說明他的工作項目後，又馬上做這項實驗給教育長看。底律伊仔細地看著法布爾的實驗，不時地點了點頭。實驗結束後，他立即問法布爾：「你有沒有缺什麼東西呢？」

法布爾說：「我什麼都不缺！這裡什麼都有，我只是做些小實驗，這些設備就已經足夠了。」

底律伊看著破舊且簡陋的實驗室，吃驚地問：「真的夠了嗎？每當別人聽見我的詢問，他們幾乎全都要求換新器材，即使他們的設備已經十分完善了。我看你的實驗室如此寒酸，你卻說已經夠了，你真的什麼都不需要嗎？千萬別客氣啊！」

聽見底律伊如此關心，法布爾也不好意思拒絕，於是他幽默地回應：「長官，如果你一定要提供我東西，那麼我很願意要一件東西，請你告訴巴黎動物園裡的管理人員，如果那裡有魚死了，請他們將魚送來給我，好讓我將它製成標本。然後我會將它掛到牆壁上，我想，有了這個裝飾品之後，這間實驗室就會像樣多了！」

底律伊一聽，忍不住大笑說：「我知道你想要什麼了！」

大文豪巴爾札克曾說：「追求心靈享受的人，應該是行李越輕越好。」

的確，如果追求過多，並且斤斤計較得失與否，就會讓自己的「心靈行李」越沈重，也就越會讓自己舉步維艱，陷入痛苦的深淵。

當巴斯德看見法布爾寒酸的酒窖後，我們是不是驚覺自己也曾犯相同的錯誤？因為習慣了以貌取人的態度，讓我們總是錯誤地評斷眼前的高人；也因為受限於外表的觀感，我們總是讓自己掉入了虛浮的包裝假象中，忘了內在究竟充實與否。

「或許我什麼都缺，但也什麼都不需要！」

這是法布爾在故事傳遞的訊息，在帶著生活禪思的氣氛中，我們似乎也有所領悟，或者我們可以這麼說，因為人們的慾望難以滿足，無論我們怎麼補充所需，也無法得到真正的滿足。

於是，法布爾將他簡樸的生活方式呈現出來，並在堅持這樣的生活方式中提醒我們；我們沒有辦法滿足每一個慾望，因為滿足了一樣，下一個慾望便會出現，引誘我們繼續追求。

所以，不要索求太多東西，因為我們擁有的已經夠多了，只要能充分應用，即使只有一根木棒也能讓我們創造不朽的將來。

愛物惜物才能累積財富

財富是靠累積的，因為累積十分辛苦，我們都能發現，那些所謂的有錢人愛物惜物的態度，經常比你我有過之而無不及。

美國沃爾瑪集團的創辦人薩姆・沃爾頓曾經回憶說：「從小，我就知道要用自己的雙手掙取一塊美元有多麼辛苦了，因此，我一直遵守父母親的教誨，特別是金錢觀，那便是：『一毛錢也不隨便亂花！』我也知道，這是累積財富最基本的觀念。」

財富從來都不會從天下掉下來，所謂的意外之財，也始終都讓人擁有得心虛，畢竟大多數的意外財來得快也去得快；只要並非一塊錢一塊錢所累積出來的財富，最後都將在慾望的伴隨下，快速地消失。

薩姆是出了名的節儉富翁，擁有億萬家產的他，卻只有一輛老舊的貨車代步，頭上戴的也只是印有沃爾瑪標誌的便宜棒球帽，從小到大只在街角的理髮店理髮。他只在自家的折扣百貨店購買日常用品；公務外出，也會儘量與人共住一房……

人們無法理解他為何如此節儉，但是，薩姆卻說：「這有什麼好奇怪的，我從小到大都如此啊！」

原來，薩姆出生在美國中部小鎮的一戶普通農家，由於他的

成長時期正巧遇上經濟蕭條期，因而讓他培養出努力工作和節儉的生活態度。

沃爾瑪公司裡的一位經理便這麼說：「我們就是這樣長大的，所以，當地上有一枚被遺棄的銅板，也許沒有多少人會去把它撿起來。但是我會，而且我打賭薩姆也會。」

正因為從小便體會到每一分錢的價值，所以這位經理與沃爾瑪都深知，每一分錢都是辛苦賺來的，也因此始終保持簡樸的生活。

主張「生活減擔」的薩姆也說：「雖然我不希望我的孩子們將來必須刻苦到打工賺取學費，但是，如果他們有任何奢侈的生活心態，那麼就算我死了，也要從地下爬出來教訓他們。」

其實，不只是家庭教育上，連員工的基本生活教育他也堅持以身作則，他的目的是：「要讓每個人都明白勤儉的好處。」

有一次，他派一位員工去租車，但是很快地，薩姆又叫他將車子退租，原因是：「這車子太大了，我只租小車。」

後來，員工也明白了薩姆的用意，原來他不願讓人看見他所使用的公務車竟比員工要好。

薩姆出差洽商，選擇旅館時，標準也與員工們一樣，甚至他還會與員工們同房。

曾經有人問他搭機的感覺時，他竟說：「我只搭過一次頭等艙，那次是因為時間太趕，又只剩下頭等艙的位子，秘書不得已只好幫我買了。」

當他連續兩年名列全美首富時，他對記者講的第一句話是：「這玩笑實在開得太大了，我怎麼會是最有錢的人呢？」

聽見薩姆說，他是非不得已才搭頭等艙的時候，也許有很多人會不以為然地說：「那叫小器、摳門！」

你真的認為他只是個守財奴嗎？或者，同樣辛苦賺取一分一毫的你，其實十分理解薩姆的金錢態度呢？

因為財富是靠累積的，也因為一塊錢一塊錢的累積十分辛苦，我們確實都能發現，那些所謂的有錢人愛物惜物的態度，經常比你我有過之而無不及。

我們不是無法累積財富，而是因為我們太放縱自己，經常輕易地讓難得的財富一點一點地流逝而不自知。

沒有貪念就不會受騙

天下沒有白吃午餐，以為佔盡了對方便宜的人，最後卻經常發現，自己竟然損失更多。

如果不想老是被詐騙，那麼我們便要懂得釣魚的哲學，那便是「魚」與「餌」的關係；不想受魚餌的誘惑，就要學會克制，克制貪求的心，克制老想佔人便宜的貪婪之心。

只要我們不任由小便宜的心理滋長，心裡沒有多餘的慾望，那麼無論人們怎麼引誘，賠了夫人又折兵的慘況就不會發生在我們身上。

十三歲的古德和父親正在芝加哥的街上漫步，當他們經過名為「德魯比克兄弟」的服裝店時，門口正站著一位笑容可掬的男子。他一見到古德他們，立刻向他父親伸出手來，並大聲嚷道：「先生，請進，歡迎光臨本店！我們有一套非常漂亮的服裝，若能穿在您的身上，實在再好也不過了，今天本店大減價，您千萬別錯過啊！」

古德的父親搖了搖頭，說：「不，謝謝。」

父親拒絕後，和兒子便接著繼續前進。

這時，好奇的古德回頭看了那個店門口的男子一眼，卻見那

位能說善道的推銷員又纏住了另一個人。

只見他緊緊地捉住一位過客的手，並積極地指著窗口的一件藍色條紋套裝，不一會兒，男子便被帶進了店舖。

這時，古德的父親搖著頭，說道：「這對德魯比克兄弟真是屬害，他們靠著『裝聾』，便賺足了三個孩子上大學的學費。」

古德不解地問：「裝聾？裝聾也能賺錢嗎？」

父親笑著說：「是啊，但是那也只有他們做得出來。」

原來，他們兩兄弟的哥哥先把顧客哄騙進店後，便開始勸說客人們試穿新裝，接著他讓客人在鏡子面前仔細端詳，並不住地奉承讚美客人。

他們以甜美的語言慢慢地打開了顧客的心防，直到客人問道：「這套衣服要多少錢？」

德魯比克哥哥這時會把手放在耳朵上，反問了一次：「你說什麼？」

客人便又高聲地說了一遍：「這套衣服要多少錢！」

這時，哥哥便會說：「喔，價格啊！你等等，我問問老闆看看！」

於是，他會轉身向坐在寫字台後的弟弟大聲問：「德魯比克先生，這套羊毛服裝要多少錢？」

而弟弟扮演的「老闆」這時便會站起來看了看顧客，接著答道：「那套啊！七十二美元！」

這時，哥哥會故意地問：「多少錢？」

「七十二美元啦！」老闆加大了音量回應。

哥哥這才笑著轉身，並對著客人說：「先生，一共是四十二美元！」

每位顧客一聽到這樣的價差，無不認為自己走運，在貪小便

宜的心態作用下，他們幾乎立即掏出錢買下，接著便溜之大吉！

　　但是，他們買到的價格，其實只是原來訂價，一點也沒有佔到便宜。

　　父親最後說：「當然，這種騙局也算是一個願打、一個願挨，所以，孩子，凡事可要張大眼睛看仔細啊！不要被他人的偽裝所蒙蔽了。」

　　古德點了點頭，說：「我會的，爸爸！」

　　十分有趣的小案例，在醜惡且貪婪的人性表現中，我們不也時常看見那些自以為佔了便宜的人，最終全被人反將一軍？這樣的畫面十分滑稽，卻得不到人們的同情。

　　現實生活中屢見不鮮的詐騙案件，相同的手法與貪念其實與這則故事的手法不謀而合，不是嗎？

　　天下沒有白吃午餐，以為佔盡了對方便宜的人，最後卻經常發現，自己竟然損失更多，只因一時的貪念興起，一時的慾望貪求，最終反而讓自己掉入貪婪的深淵，甚至溺斃。

　　聽聽古德父親的教訓，那不僅適用於小古德，更加適用於老是想佔人便宜的人。讓自己的心思簡單一點吧！別想佔別人便宜，少一點貪婪的念頭，我們必定能獲得更多！

有多少能力便享受多少樂趣

> 聰明的人懂得依自己的能力過生活，不要
> 用華貴的外衣來包裝空洞的內裡，因為那
> 騙得了別人，卻騙不了自己。

不要讓生活透支，也不要過度放縱自己的享樂慾望，人生很長，我們要聰明地分配快樂的能量，有多少能力便享受多少樂趣。

外表華麗不代表能力滿分，浮華不實的金錢態度，只會讓自己陷入痛苦的金錢遊戲之中！

查爾斯正與看起來十分富裕的麥賽福聊天，育有三個孩子的麥賽福，不僅婚姻幸福，三個孩子的表現也是人人誇讚。

兩個許久未見的老朋友，從過去聊到現在，原本討論得十分開心，但是，就在查爾斯問到麥賽福的現況時，麥賽福的臉色忽然沉了下來。

查爾斯以為自己問錯話了，連忙向他道歉：「對不起，如果你不想談的話，就不必回答。」

麥賽福苦笑著說：「唉，我也不知道要從何說起。」

查爾斯安慰著朋友說：「放心，沒有什麼解決不了的事。」

麥賽福嘆了口氣並搖了搖頭，說：「我只是沒有想到，我們家也會有入不敷出的時候。我現在才知道，原來我們家每個月的

支出竟然那麼大，像是每個月得參與的高爾夫俱樂部聚餐，孩子們私校的學費，以及家中其他各項雜物上的支出等等，這些開銷壓得我快喘不過氣來了。」

查爾斯一聽，立即對朋友說：「重新規劃你的生活支出吧！」

麥賽福點了點頭說：「我很想啊，但是，只要一想到每個月都有三千美元的缺口，我就睡不著覺了，而且每到月中我的薪水就已經用光了。」

查爾斯又問：「那接下來的日子，你們要怎麼渡過？」

麥賽福滿臉無奈地說：「先用信用卡付帳啊，不然怎麼辦？」

只見麥賽福說完話之後，再次拿起了手上的雪茄，深深地吸了一口。

原來，麥賽福很早就瀕臨破產邊緣了，但是，他過去的嗜好與消費習慣卻一直都沒有改變，過慣了舒服、享受的生活方式，他們一家人確實有許多放不下的東西。

查爾斯幫他們計算過了，如果他們再不放棄一些不必要的支出，就算他們一家人工作到死，也無法還清積欠的債務！

所謂由奢入儉難，正巧可以對照麥賽福家的情況，因為面子問題，讓麥賽福仍然想用華麗的外表來麻醉即將破產的事實。

但如此一來，反而讓自己落入了更深的負債之中，還進一步讓家人們深陷貧困的泥沼，拖累自己也拖累家人。

聰明的人懂得依自己的能力過生活，更懂得依當下的情況來調節自己的消費支出。

他們知道，生活不能踰越「過」與「不及」，一旦在這兩個原則之間有了太過的情況，都將讓自己的生活掉入不正常的狀況，

讓原本可以享受快意生活的美夢，因為自己的錯走一步，轉變成連連惡夢。

所以，不要用華貴的外衣來包裝空洞的內裡，因為那騙得了別人，卻騙不了自己，回到自己的世界，我們始終得面對生活上的失落感，更得獨自承擔經濟困窘的事實。

明白其中的道理，我們便能從別人一天只花固定錢的堅持中，相信自己也能如此堅持，我們不必為了擺闊，而故意增加消費，因為你真的可以大方地對人們說：「對不起，我目前經濟不佳，我今天只能花這些錢。」

然後，你便能從頭開始，慢慢地累積出你所夢想的財富。

別把時間浪費在金錢上

 簡單生活，簡樸打扮，才能活得充實快樂，因為我們沒有太多的時間浪費在奢侈浮華上。

　　對你來說，身穿名牌精品最重要，還是在工作上擁有快樂最重要？一餐上千元的牛排，與一頓幾十塊便能飽足的簡餐，對你來說，哪一個才能滿足你的口腹之慾？

　　生活上有太多取捨，什麼該捨，什麼才是我們應當努力爭取的，全有賴聰明的你仔細評估。

　　卡文迪斯是英國著名的科學家，去世六十年後，劍橋大學為了紀念這位偉大的科學家，特別花費了三萬英鎊，建造一座世界著名的卡文迪斯實驗室。

　　當人們回顧大師的一生時，他們發現，卡文迪斯生前也曾有過一段貧困的日子，只是這段艱苦的生活並不長，因為幸運之神在他吃了幾天苦頭之後，便將好運氣送來給他。

　　那是在一個寒冷冬天的午後，就在卡文迪斯門前，忽然出現了一輛豪華馬車，車上忽然跳下來一位紳士，對他說：「我是倫敦銀行的人，這張一千萬英磅的支票是您的！」

　　卡文迪斯忽然收到這張支票，非常吃驚，呆立在門口好長一

段時間，直到銀行經理解說完畢坐上馬車後，這才回過神來仔細端詳手中的支票。

原來，這筆鉅款是卡文迪斯的姑母送給他的，這也讓卡文迪斯一夕間便成了千萬富翁，只是一向討厭銅臭的卡文迪斯，面對這筆從天而降的鉅款一點也不開心。

他考慮了很久，最後決定：「嗯，這些錢足夠讓我建造一座擁有一流設備的實驗室。」

一想到實驗室，卡文迪斯立刻精神了起來，也立即積極規劃實驗室的設計。很快地，卡文迪斯的個人實驗室終於完成了，至於剩下的錢，他原封不動地存入銀行，從此再也不聞不問。

每天樂在實驗工作中的他，雖然是當時英格蘭銀行的大戶，但是他的衣著一如往昔，鈕子掉了仍然補了又補，簡樸的生活也從未改變。有一回，他準備前往皇家學院面談時，竟然穿了一件被硫酸燒出一個大洞的襯衫去，一身簡陋的模樣，還一度被學院的職員誤認是流浪漢呢！

被阻在門外的卡文迪斯，直到他將通知單遞出後，職員這才知道，原來眼前站的是著名的科學家卡文迪斯。

其實，卡文迪斯不僅外在簡樸，就連吃也很節省。

有一回，他在家宴請其他科學家時，僕人對他說：「先生，五個人只準備一隻羊腿似乎不太夠。」

沒想到卡文迪斯一聽，只淡淡地回答說：「是嗎？那就準備兩隻吧！」

對此，曾經有人問他：「你把錢全部放在銀行不用，自己卻過得這麼寒酸，太不合生活邏輯了吧！」

卡文迪斯不以為然地說：「是嗎？我不覺得啊！我認為身為一個科學家，應當把時間多用於科學上，而不是用在金錢消費

中。」

　　因為心中的目標不同，也因為珍視的價值不同，所以卡文迪斯的生活才會如此與眾不同。

　　對卡文迪斯來說，太過在意生活上的繁瑣小事實在沒有必要，因為那實在很浪費時間。對他來說，所有關於科學的範疇才是他生活的重心，也才是值得他耗費時間的珍寶，所以他才會如此堅持：「身為一個科學家，生活裡除了科學，還是科學！」

　　這個論點其實也普遍表現在許多成就不凡的名人身上，他們在自己的發展領域中，幾乎可以用「沉迷」兩個字來形容。

　　無論是沉迷在科學探究、創意研發，還是在醫學研究中，他們所現出來的生活態度，和卡文迪斯是一模一樣的：「簡單生活，簡樸打扮，因為我們沒有太多的時間浪費在奢侈浮華上！」

　　從中，我們也歸結出一項簡單而成功的生活定律：「經常投入工作中而廢寢忘食的人，對於物質的享受總是嗤之以鼻，但是他們卻十分在意是否能從工作中獲得樂趣，因為對他們來說，生活上最值得的投資與消費，只有生活能否充實快樂！」

我們要追求的就是那一點價值

無論在什麼樣環境底下，最崇高的價值都
在於不計功勞的付出中展現的無私。

　　人們真正需要的不是財富，也不是名聲，而是身為人的無形
價值。建立起這份無形價值的依據是：「一份不自覺的謙遜表現，
一份無私的分享意願，以及人們從中產生的感動與敬意。」

　　然後，一個人真正的價值由此而生。

　　雖然，X射線是物理學家倫琴最先發現的，但是倫琴卻從來
都不把這項偉大的發現獨佔。

　　謙虛的倫琴在發現X射線時便說：「對於這個射線的性質，
我還不太清楚，所以暫時取名為X射線。」

　　在暫定名稱確定後，嚴謹且慎重的倫琴又花了近一個月的時
間，確認並實驗這個發現，之後他才把早已完成的《新射線的初
步報告》論文，及手上的照片一起寄出。發現一公佈後，很快地
便引起科學界的注意與討論，無論是祝賀信或質疑的信，每天都
從世界各地寄送給他，前來實驗室的訪客更是絡繹不絕。

　　直到有位醫師利用「X射線」，準確地顯示出人體內的斷
骨位置後，「X射線」熱潮也正式沸揚。有一天，倫琴還收到一

封信，上面寫著：「請寄給我一份X射線和使用說明書。」

像這類令人啼笑皆非的索取信很多，而幽默的他總是這麼回應：「對不起，目前我手上沒有X射線的存貨，而且，郵寄X射線是一件十分麻煩且危險的事情，因此我無法答應您。」

自從X射線發表之後，倫琴也不斷地榮獲各種科學獎項，但是他似乎對於這些榮譽一點也不在意，他曾經謝絕了普魯士皇室封爵的榮譽，更拒絕在名字上多加一個貴族表徵的封號。

他說：「致力於科學研究與發現，是我應盡的本份，更是我的人生目標，那些過高的獎勵與恭維，對我來說是一種恥辱。」

謙虛的倫琴也是個深具使命感的科學家，曾經有廠商想以極高的價碼，向倫琴爭取生產X射線機的專利，但倫琴卻一口回絕：「我認為，科學家的發明和發現都是屬於全人類的，沒有人可以獨佔其中的好處。」

正因為這份正義與使命感的堅持，讓X射線機很快地能普及全世界的醫院，並救回許多垂死的生命。

倫琴的幽默與謙虛，確實令人激賞，在這個追求功名利祿的社會中，倫琴的謙遜與淡泊，帶來了一個讓人深省的啟發。

對倫琴來說，他不願獨佔這份功勞，因為能讓他發現這項科學奧秘便已足夠了，往後這個發現能否繼續發揚光大，那又是後人的責任與榮耀了。所以，這位偉大的科學家願意心胸寬廣地說：「這是屬於全人類的發現，不是我倫琴一個人的！」

「從謙卑中見偉大」這句話不僅適用於科技領域中，更適用於沒沒無聞的你我身上，因為無論在什麼樣環境底下，最崇高的價值都在於不計功勞的付出中展現的無私。

真正的財富是看不見的

沉溺於功名利祿中的人，不僅會失去自己
的價值，最終還會迷失在財富的追逐中。

　　精神上的滿足是看不見的，我們無法用物質來填充精神上的
缺口；心靈上的滿足也是看不見的，但是，我們卻需要無形關懷，
安撫受傷的心靈。

　　聰明的人會讓精神得到充分的滿足，因為他們知道那不是金
錢財富所能比擬的，因為充實的感覺，我們都將讓人生得到真正
的快樂與富足。

　　三十三歲時，日後成為鋼鐵大王的安德魯·卡內基，在日記
上寫著：「對金錢執迷的人，是品格卑賤的人，如果我老想著追
求賺錢之事，終有一天必將墮落。所以，我設定，每當我到達某
個財富目標時，便要將之回饋給社會，那麼我就不會迷失。」

　　六十歲時的卡內基已經是個成功名人，功成名就的他，決定
要退出商場去養老，並在晚年期間，多做些自己長久以來一直想
完成的事——致力於慈善工作，與維護世界和平的夢想。

　　於是，他在《財富的福音》一書中宣佈這個消息：「我要退
休了，不再在商場上爭奪了！」

當年，他毅然退出正值蓬勃發展的鋼鐵事業，以五億美元的價格，將卡內基鋼鐵公司賣給了金融大王摩根，從此他帶著累積多年的財富，開始投身他構思許久的偉大計劃。

他退休後的第一年，先贈與五百萬美元給煉鋼工會，協助他們設立救濟與養老基金的成立，這正是向所有工人們表示他的感謝，接著，他又撥了一筆鉅款來協助貧困家境卻仍力爭上游的年輕人。

第二年，他捐款二千五百萬美元，用以發展科學、文學和美術等等。同年，他還在匹茲堡創了「卡內基大學」，接著分別在英美等地捐資，創辦了許多學校與教育機構。

在隨後的幾年期間，他又分別成立了許多基金會，像是「捨己救人基金會」、「大學教授退休基金會」以及「作家基金會」等等，總之，已經半百年紀的他，在鼓勵拔擢人才的同時，也不忘照顧與他同年卻晚境不佳的人。

最後，他拿出了一千萬美元，以無國界的共享與攜手回饋為宗旨，成立了「卡內基國際和平財團」，專門資助一些致力於世界和平的奉獻者。

這是卡內基的人生，也是估量他的生命價值的依據。

不過，仔細評估之後，我們也發現，卡內基晚年投資的無形財富，確實比他有形財富更顯珍貴無價。

生命的價值到底要如何評量，有人從個人成就中評定，也有人以心中滿足的程度來界定，那你呢？

當你也擁有卡內基一般的人生境遇時，你會以事業的成功或財富來表現人生的價值，還是像晚年的卡內基一般，堅持除了物

質與功名之外，我們還有更多可以爭取的「財富」，關於關懷世人、珍愛世界的無私奉獻？

地球是圓的，人際關係也是圓的。只要我們願意伸出手，並牽起身邊需要關心的陌生人，然後我們也將串連起人人渴求的祥和與幸福，這是聰明的人在發現財富原來如此空洞時經常實踐的。

這正是深具遠見的卡內基在而立之年時所領悟的：「沉溺於功名利祿中的人，不僅會失去自己的價值，最終還會迷失在財富的追逐中。所以，我們都要看淡財富的享樂慾望，明白因為分享而獲得的精神滿足！」

快樂工作是
醫治病痛的良藥

不妨先放下手上的工作，

仔細想想你要的是什麼，

只要你一想通了就別再猶豫。

快樂工作是醫治病痛的良藥

 不妨先放下手上的工作，仔細想想你要的
是什麼，只要你一想通了就別再猶豫。

俄國作家車爾尼雪夫斯基曾說：「一切真正美好的東西，都是從奮鬥犧牲中獲得的，而美好的將來也要以同樣的方法來獲取。」

正在工作的你，有沒有一種充實快樂的感覺呢？

忙於工作的你，是不是充滿了煩躁的情緒呢？

不管你現在被哪一種情緒所佔據，先聽聽文學家果戈里怎麼說：「工作是醫治我病痛的重要良方，更是我快樂地享受人生的唯一方法。」

果戈里是俄國著名的劇作家，成名之前，為了從事最愛的文學創作，曾經寫了封信給母親。

他在信中如此寫道：「看在上帝的面子上，請母親您為我高興吧！這份工作對我來說，是醫治一切病痛最有效，也是唯一的特效藥。在這個自然、安靜且從容的工作氣氛中，我將找到快樂的泉源！」

當母親看見兒子的這封信時，知道無法改變孩子的想法，只

得答應他繼續實現他的夢想，因為對她來說：「只要看見他快樂就好！」

勤奮的果戈里為了督促自己，堅持每天都練習寫作，他說：「作家和畫家一樣，都要隨時帶著筆和紙，因為一個畫家如果虛度了一天，沒有畫下任何一張草稿，那麼他的筆終有一天要變鈍。」

「一個作家，如果一天沒有思考，並且未寫下任何一段文字，那麼他也同樣虛度了一天，也將失去了創作的動力。」果戈里堅定地說。

曾有後進感到懷疑，問他：「如果，連一個字也想不出來的時候該怎辦？」

果戈里笑著說：「沒關係，你只要拿起筆，把『今天我不知道要寫什麼』一遍一遍地寫下去，一直寫到你覺得厭煩時，你自然就會想創作了。」

「What You Want？」

這是一部汽車廣告裡的主題，正巧可以拿來呼應果戈里孜孜不倦的工作熱情。

因為他知道自己想要什麼，也因為他知道自己在做什麼，所以滿腔熱情地投入工作對他來說，不僅是人生的全部，也是他享受生活的重要方式，以及維持生命的重要補給。

看著果戈里快樂的工作，相信在許多人的臉上充滿了羨慕的神情吧！

那麼，你為什麼不快樂？

有人因為眼前的工作不是自己想要的，有人則因為每天抱著

錯誤的態度工作，所以快樂不起來，是吧？

如果是因為選錯了目標，那麼不妨先放下手上的工作，仔細想想你要的是什麼。

只要你一想通了，就別再遲疑猶豫，要像果戈里一般，積極地爭取你想要的。

如果是因為態度錯誤，那麼現在你也要先放下手上的工作，仔細想想，為什麼別人可以快樂地工作而你卻不能。

只要能找出問題所在，並重新調整好你的工作態度，你就能像果戈里一般，充分地享受工作的樂趣。

精益求精，讓未來更加堅實

 不論我們在什麼樣的領域中實現理想，根基一定要踏實，而且還要對自己所踏出的每一個步伐負責。

作家薩帕林娜提醒我們：「只有不斷地追求探索，永遠不滿足於已經取得的成績的人，生活才是美好的，有價值的。」

人生不是追求吃喝玩樂的過程，而是自我價值的不斷提昇。

如果我們不懂得在自己專精的領域精益求精，而沉迷於物質層次的享樂，那麼生活就會變成沉重的負擔。

做自己想做的事，我們更要堅持精益求精，因為精益求精不僅能讓夢想更加堅實，還是我們成就完美人生的重要方法。

生活十分清苦的傑克，經常連寄送稿件的郵票錢都湊不出來。

雖然生活辛苦，但他仍然堅持自己的理想。為了不讓夢想消失，他每天都努力地一字一句撰寫草稿。

他經常這麼告訴自己：「傑克，你絕不能放棄，絕對不能馬虎，你一定要對自己的未來負責！」

一天要寫一千多字的他，一個星期便安排了六天的時間在堆砌文字，留下來的一天，則是安排出外打工，以賺取基本生活費用。雖然一天只有一千字，但是這一千字卻也經常讓他茶飯不思，

甚至他還曾用了近二十個鐘頭的時間來孕育靈感。

所以，每當傑克將進度完成時，他總是激動地說：「花再多的時間也值得，因為這才是我想要的！」

曾經有個朋友不以為然地問他：「你為什麼要這麼辛苦地賺錢？每天交稿的字數那麼少怎麼行？其實你名聲那麼響亮，不論文章如何都一定會被刊登，每天再多寫幾千個字嘛！反正他們一定能接受，這樣一來你不就能多賺點稿費了嗎？」

傑克一聽，很不高興地說：「不行，如果我只想著多賺點錢，就一定寫不出好東西。你要知道，好的作品不是隨隨便便就能從墨水瓶中流出來，好作品就像砌一面牆一樣，每塊磚都必須嚴選一番，如此才能建造出富麗且風雨不搖的房舍啊！」

《在與思想家對話》書中，有一段關於好文章的定義：「好的文章可以簡練到每個詞都能加重語氣！」

要如何達到這樣的境界？我們將目光回到傑克的身上，聽聽傑克的創作堅持，然後我們便會知道好文章之所以吸引人的原因。

從傑克的文字堅持中，你是否也看見了他的成功技巧？

方法無他，凡事精益求精就對了，因為不論我們在什麼樣的領域中實現理想，根基一定要踏實，而且還要對自己所踏出的每一個步伐負責，一如傑克在故事中給自己的勉勵：「要對自己的未來負責！」

因為堅持負責，也因為背負使命，所以傑克每次完成作品後，都要被自己筆下每一個充滿生命的文字感動。

換個角度，我們轉頭看看自己一路走來累積的，面對那些已經完成的事，在你心中是否也充滿了成就感？

用心感受，便能聽見幸福的聲音

 用心地感受生活每一個時刻，無論面對著
什麼樣的現實，始終只看得見人生的幸福
面。

哲學家歐里庇得斯曾說：「一天一天地活下去，不要求更多
的東西，從而得到生活的樸素精髓，這樣的人最快樂。」

用心生活，學會知足，然後我們便能得輕易地獲得滿足。

滿足讓我們懂得珍惜，學會了珍惜，我們便能掌控自己的心
情，隨時享受到生活的幸福。

在鄉下，有一對相依為命的夫妻，由於妻子是個聾人，所以
無法工作 賺取生活費，家裡的收入全靠丈夫一個人出去掙。

由於丈夫經常要輪班，工作時間無法像別人那樣固定，有時
是凌晨時分，有時則是深夜時刻；當先生回到家時，妻子經常是
熟睡的，再加上聽不見的耳朵，無論先生怎麼呼喊或敲門，妻子
也不知道要幫他開門。

於是，他們兩個人想出了一個方法。

每天晚上睡前，妻子都會將一條細繩子綁在她的手腕上，而
繩子的另一頭則讓它垂到窗口外，如此一來，不管丈夫多晚回家，
他只要在窗口輕輕地拉一拉繩子，妻子便會醒來為他開門。

這個像是按門鈴的溝通方式，很快地成了他們生活的一部份。

然而，再好的點子也會有缺點。因為，這個秘密的溝通方式被頑皮的孩子們發現了，只要他們發現她的丈夫還未回來，那麼他們深夜一到，就都會來到窗口，故意地拉扯那條等待丈夫回家的繩子，為此婦人也醒來了一次又一次。

原本孩子們還以為婦人會因此而大怒，但婦人卻因為了這個惡作劇重溫了青春時期的幸福感受。

因為，每當孩子們在夜裡將她喚醒時，她發現：「沒想到在這不同時刻裡的夜，竟然有那麼多的變化，我好像又聽見了青春時期的風聲夜語。」

婦人一次又一次地醒來，也一次又一次地迎接了和風與月光，雖然有時會被忽然落下的大雨打溼，但是她總是微笑迎接。因為在這個時候，她再次地憶起了：「嗯，在那年這樣的風景裡，應該是那樣的聲音！」

因為耳朵聾了，婦人與丈夫之間的溝通多了一條線，那不是拉扯而是牽繫，雖然被頑皮的孩子們拿來開玩笑，但是卻一點也無損於婦人的知足。

因為，每一次線拉都充滿了甜蜜的期待，無論是迎接丈夫的夜歸，還是在細雨紛飛或夜風吹拂下的回味，對她來說，每一次線拉都是幸福的打擾。

在微風的吹拂下，你有什麼感受？

是像故事中的婦人一般憶起往日的幸福滋味，還是囚困於眼前的失意，忘了曾有過的幸福味道？

回到故事中，我們也看見了婦人享受幸福的方式，因為聽不

見，所以她永遠也聽不見孩子們的嘲笑聲，更聽不見人們的是是非非；因為聽不見，讓她更用心地感受生活每一個時刻。儘管眼前面臨著許多困境，但是她並不苦惱，反而能用更開闊的心情去面對。所以，無論她面對著什麼樣的現實，她始終只看得見人生的幸福面。

那麼，比婦人擁有還多、身體更健全的我們，為什麼不能學學婦人，隨時拋開生活的不如意呢？

幸福要靠我們自己找尋，只要能用心體會，保持好心情，我們隨時隨地都能聽見幸福的聲音！

投機取巧往往害人也害己

以阻斷別人財富的方式來成全自己，不僅
有損於商業競爭的公正性，一旦事跡敗
露，還會讓自己失去所有的機會。

競爭要講求正道，不能一味地只想投機取巧。其實，追求財富有許多方法，第一條路不通，再找第二條路，只要我們不輕易放棄，一定能找到累積財富的正確方法。

嵐山是京都非常著名的一個旅遊景點，在百花齊放的春分期間，居住在京都的有錢夫人或小姐們都會身著華服，來到這個山林中賞花。

這天，有個氣質優雅的女孩向一位農夫要求：「對不起，我能不能向您借用一下洗手間？」

農夫田中客氣地帶著女孩，朝向簡陋的廁所走去。

但是，當女孩一到廁所門口，臉上立即表現出難為的表情，因為這間廁所實在很髒。

只見女孩紅著臉，微微地說了聲「謝謝」，接著便勉強地走進這間又舊又髒的小茅廁。

農夫看見這個情況，心頭忽然一震，便想出了一個點子。不久農夫就在廁所門口貼了一張告示：「借用一次三文錢。」

從此每到遊客如織的賞花季節，農夫出租廁所賺取的收入，竟比他當季的農作收入來得高，雖然他的管理情況很差，但因為是獨佔性市場，因此遊客們也只好忍臭如廁了。

松島先生發現農夫竟然以出借廁所致富，十分不以為然，憤憤不平地對妻子說道：「那個田中竟然一轉眼就賺了那麼多錢，今年春季來臨前，我們也來蓋一間廁所出租，而且要賺得比田中多！」

但是，妻子卻反對：「我們蓋了座新的廁所又如何？人家田中的廁所已經是老字號了，會去那裡的客人們都是些老主顧，我們很難搶啦！」

「哼，誰說我們搶不到田中的客人！妳看田中那個廁所，又骯髒又臭又簡陋，要不是他獨佔市場，我想客人們也不願意到他那兒了。我已經想好了新廁所的藍圖，我要蓋間和式的高級廁所，建材要用杉木，天花板則用可以除臭的香蒲草……」

松島先生滔滔不絕地說著，妻子卻越聽越遲疑地看著丈夫，當松島先生說完時，妻子便問：「那麼你要租多少錢？」

當下松島先生並沒有立即回答妻子的疑問，直到廁所修建好了之後，他便將廁所的告示牌擺放到入口處：「租用廁所八文錢！」

「一次八文錢？」

許多仕女們只看見這個告示牌便止步了，這時妻子走進了廁所，伸手敲了敲杉木柱子，接著有些埋怨地說：「你看，花了那麼多錢，結果呢？」

松島先生也有些惱怒：「別嘮叨啦！明天我到處走一走，保證上門如廁的人會讓妳接應不暇。」

第二天，松島先生比平時都晚起，約莫十點鐘才出門。

他將飯盒掛在胸前，臉上竟出現了誓死如歸的精神，妻子一看，心想：「他到底想做什麼？」

這時，松島先生忽然轉身對妻子說：「孩子他娘，妳老是說我這輩子一點出息也沒有，我今天就要讓妳看看我的本領，今天只要我到旅客群中走一走，保證讓妳得忙的團團轉，記得啊！糞缸滿時，妳可以掛個暫停使用牌，請那個田中先生來幫幫妳啊！」

不久，有個女孩走了進來，接著往錢箱裡投入了八文錢，妻子吃驚地看著女孩：「我的丈夫什麼時候變成神仙啦？竟然有預知的能力？」

女孩走了之後，又走進了一對情侶，從那一刻起，松島太太每隔一個小時，便得暫停與清理廁所一次，直到傍晚，松島太太終於有時間休息了，接著她開始點算今天的收入：「竟然賺了八貫啊！平時我們連二貫錢都賺不到呢！沒想到老頭子的點子真的實現了！」

開心的妻子立即出門買了好些酒菜，耐心地等著辛苦出去拉客人的松島先生回家。忽然，門外傳來人聲：「松島太太在嗎？」

松島太太一聽是田中先生，立即開門回應：「什麼事，田中先生？」

但是未等田中先生回答，松島太太便驚呼出聲：「我丈夫怎麼了？」

「他可能待在田中先生家的廁所太久了，被臭氣薰死了！」另一個幫忙抬松島先生回來的鄰居說。

原來，松島先生出門後便直接到田中先生家的廁所，丟了三文錢後，就一直待在裡頭不肯出來。

每當有人推門或敲門時，他便會咳個兩三聲，讓人們知道裡面還有人，到後來他連聲音都咳啞了。

傍晚時，田中先生發現廁所仍然鎖著，但敲門卻沒有回應，這才覺得有異狀，等撞破門時，便看見松島先生躺在廁所裡了。

看完這個日本作家川端康成所寫的灰色喜劇般的故事，相信在發出對主角的訕笑中，我們心中都出現了這樣一個反省：「為了賺錢而用盡心機，最終還喪送了自己的性命，實在太笨了！」

回到現實生活中，相同的戲碼不也經常發生在我們身邊嗎？為了金錢財富而投機取巧的人不也處處可見？為了財富而走偏路的人不也屢見不鮮？

人生的機會很多，不要像松島先生一般，以阻斷別人財富的方式來成全自己，因為，那不僅有損於商業競爭的公正性，一旦事跡敗露，還會讓自己失去所有的機會。

再跨一步，你就能看見新視野

不管眼前景況如何，都不是人生的盡頭，
只要你不放棄自己，積極前進，再跨一步
就一定能看見全新的人生視野。

感情遭遇挫折，往往會讓人的心情陰鬱晦澀，舉目所見盡是
死灰慘白。其實，大多數人都曾情場失意過，傷心難過自然難免，
但卻不能放任自己就此一蹶不振。

失戀的時候，不妨仔細品味一位奧運射箭金牌選手說過的話
語：「不要留戀射出去的箭。」

展現精采人生的機會何其多，何必執著於失意的時刻？

人生的步伐不是只有三兩步，前進時如果出現了阻礙，我們
還可以大步跨越。別再停滯於當下的挫折，因爲失意的步伐其實
只有一步，只是用來考驗一個人的堅強與勇氣。

只要能積極地跨出新的步伐，我們的人生除了快意之外，還
有快樂。

阿民失戀了，情緒低落的他竟心生自殺念頭。

「叮咚！」阿民打開門一看，是小離來找他。

小離一看見滿臉愁容的阿民，便說：「總歸一個『緣』字，
你就別想太多了，太過勉強的情感會帶來不幸。」

「我很愛她，我真的很愛她……」阿民失神落魄地說著。

小離看著癡情的阿民，嘆了口氣說：「我們出去走走啦！」

於是，小離拉著阿民出門，接著信步地走到遠處的一座公墓。

有點尷尬的小離與心情更加沉重的阿民，看見這個景像，兩個人同時沉默了下來，因為他們不知道能說什麼。

忽然，小離指著遠方叫喊著：「阿民，你看！」

阿民循著小離的指引望去，是隻彩蝶！

小離興奮地說：「多麼美麗的彩蝶啊！你看，她就在那個墓碑上快樂地飛舞！好美！」

阿民似乎沒有聽見小離的呼叫聲，只是靜靜地望著彩蝶。

突然，阿民像是發現什麼似的，整個人猛地精神了起來，而且雙眼炯炯有神地看著前方。

因為他發現：「一邊是沉靜的死寂狀態，一邊是充滿律動的蓬勃生機。仔細想想，那個沉睡的生命生前一定比彩蝶偉大，但畢竟他已經死去，再也不能像彩蝶那般，享受人間的美好。」

阿民一想到這裡，雙眼睜得更大了：「是的，沒有好好地享受活著時候的美麗，實在是生命的一大缺憾啊！我怎麼那麼笨呢！」

小離看著阿民臉上莫名其妙地變化著，還以為他正痛苦地回憶起過往，忍不住安慰著他說：「既然你連死都不在乎了，又何必擔心活著的事呢？」

阿民看著小離，沒有多說什麼，只有簡單地笑了笑，點了點頭，接著又回頭欣賞那隻讓他決定要好好活下去的彩蝶。

在死沉墓碑與活力彩蝶的鮮明對比下，聰穎的阿民領悟出生

命的珍貴，面對人生中的失意與失戀，你是否也曾像阿民一般，為了小小的失去而放棄與否定自己呢？

好好地活下去吧！當彩蝶在陽光下燦亮地展現生命活力時，我們確實也和阿民一樣，看見了生命的奇蹟和希望。

不論我們正處在什麼樣的環境，能活著就會一定會有許多機會。遇見失意的人，我們會說：「靜待苦盡甘來時！」

遇見失戀的人，我們總說：「下一個情人會更好！」

這些話看似安慰，其實是提醒人們，凡事不可鑽牛角尖。不管眼前景況如何，這都不是人生的盡頭，只要你不放棄自己，積極前進，再跨一步就一定能看見全新的人生視野。

真正的完美必須完整

 學會犧牲，為多數人爭取利益，然後我們必定能發現，當大家願意利益均享時，我們所得到的好處更甚於單打獨鬥。

從藝術的眼光，我們可以這麼說，為大多數的人爭取利益，反而更能獲得完整的利益，因為全體可以代表個體，但個體卻不能代表全體。

換句話說，不強調突出個人，能執著於追求完整的人才能不斷進步，並成就真正的完美與成功。

在巴黎市中心的一個交叉口上，有座法國文豪巴爾札克紀念碑的塑像，這座塑像上的巴爾札克正昂著頭、披散著髮，並以嘲笑和蔑視的目光注視著眼前的花花世界。

但是，這座莊嚴的塑像卻沒有雙手！

原來，這是雕塑家羅丹的作品，他為了表現出《人間喜劇》的思想情感，為了表達出巴爾札克的內心全貌，極其認真地投入巴爾札克的世界。

塑像進行之前，委託者要求他必須在十八個月內完成，並給了他一萬法郎的定金，但是為了爭取更多的時間製作，他退回了定金，請求委託者再多給他一些創作時間。

雖然羅丹創作十分嚴謹，但是他也不是個閉門造車的人，喜歡聆聽別人意見的他，經常在作品告一段時請朋友們來欣賞作品，並請他們提供意見。

這天深夜，羅丹終於將巴爾札克的塑像完成了，正獨自一人欣賞著這件曠日廢時的精心之作。

只見羅丹十分滿意地看著雙手疊合在胸前的巴爾札克，不久之後，忽然他跳了起來，迫不急待地叫醒一名學生：「馬克，雕像已經完成了，你快來看看有什麼感覺？」

從睡夢中被喚醒的馬克揉了揉惺忪的雙眼，接著便仔細地看著巴爾札克，忽然間他眼之一亮，帶點激動地說：「老師，這實在太美了，我從來沒有見過如此生動的手啊！」

這是一句讚美的話沒錯，但是羅丹聽見這句話後的反應卻十分不自然，匆匆地跑出了工作室，又拖來了另兩名學生。

其中一位的讚美更誇張了：「這是一雙只有上帝才能創造出來的手，他們簡直像真的一樣！」

羅丹一聽，臉拉得更沉了，似乎很不滿意這個答案，這會兒他認真地看著另一位即將開口的學生。

「老師，你塑造出來的這雙手已足以讓您名傳千古了！」

羅丹聽見這個學生的讚美後，突然十分激動，只見他在屋內走來走去，反覆地看著這尊雕像。

就在這個時候，他突然拿起了一把榔頭，狠狠地朝著那雙舉世無雙的完美之手敲了下去。

學生們被老師這個突如其來的舉動嚇到了，一時間全都呆住了，不知道要怎麼反應。

過了一會兒，才有學生開口問：「老師，您……」

只見羅丹微笑地說：「孩子們，這雙手很突出不是嗎？它們

已經有了自己的生命，不屬於這座雕像的一部份了！」

　　孩子們似乎還未聽懂，只見羅丹繼續說：「你們要記住，一件真正完美的藝術品，只要任何部位一拆開，永遠都比不上整體的美。」

　　為什麼缺了雙手的巴爾札克雕像，在羅丹的眼中才是最完美的？完美的標準到底在哪裡？

　　完整，是指不突出任何單一部位；換句話說，當個人的成功不代表群體成就的時候，這樣的成功便不算成功，充其量只不過是個人表現罷了。

　　所以，成全完整是羅丹的完美標準，為了不讓雕像上的雙手成了雕像的唯一焦點，他寧願犧牲個體，成全雕像的整體美。

　　看著完美雙手的破碎，我們更加明白了藝術大師塑像的真正目標：「我要的完美包含完整！」

　　這個寓意深刻的故事告訴我們，不必著急於獲取個人利益。學會犧牲，為多數人爭取利益，然後必定能發現，當大家願意利益均享時，我們得到的好處更甚於單打獨鬥。

藏在生命裡的共同記憶

曾經擁有過的幸福滋味,曾經共渡的歡樂時光,全藏在我們的記憶深處,什麼時候才會被喚起、念起?那得等到你不再汲營於眼前的生活之後。

我們和許多人有著共同的記憶,無論回憶是快樂還是悲傷,它們都將永遠埋藏在我們生命裡,直到你不再困於生活的失意,也看透了人生的悲喜,這些塵封的記憶才會重現。

已經都八十幾歲的爺爺和奶奶,同時出現了老年癡呆症的情況,他們經常一起看著我們,卻又同時搞不清楚我們是誰。

像爺爺就經常指著小弟弟對奶奶說:「這個小孩到底是誰?怎麼一直待在我身邊啊?」

過了一會兒工夫,他們兩個人好像又同時清醒了過來,甚至開始說些只有他們知道的回憶。

你聽,奶奶現在正嘟著嘴說:「你啊,老頭子,那一年你送給我的羊皮,我早就做成了這件棉襖,你看,我穿了這麼多年都還像新的一樣!」

爺爺也不知道有沒有聽清楚奶奶說的話,但是,他仍然接口說著:「還說呢!老太婆,那天早上,妳不是給了我兩顆梅果嗎?我的天啊!我到現在還覺得牙很酸呢!」

每天，兩個老人家像似旁若無人似地，開心地重複著這幾句對白，雖然像在吵嘴，但是他們的表情卻相當幸福、祥和。

　　媽媽笑著向我們解釋道：「爺爺和奶奶他們還很年輕喔！他們不是老年癡呆，他們只是有些事情不想記得太清楚，現在爺爺和奶奶的記憶裡只有年輕時候的幸福景象囉！」

　　沒有人能理解兩位老人家的對話內容，只因那是藏在他們兩個人生命裡的共同記憶，記憶裡全是他們曾攜手走過的經歷，無論辛苦或甜蜜，箇中滋味只有他們知道。

　　看完兩個老人的甜蜜故事，你的心中是否也激起了不少感動漣漪呢？

　　曾經擁有過的幸福滋味，曾經共渡過的歡樂時光，全藏在我們的記憶深處，什麼時候才會被喚起、念起？

　　那得等到你不再汲營於眼前的生活之後。

　　因為，當我們嚐盡了人生的起伏與失落之後，才會懂得過去曾有過的幸福是那樣的珍貴。也才會懂得，真正的溫暖幸福竟發生在我們人生大起大落的時刻。

讓生活與工作保持最佳的平衡

不要讓過度的疲勞成為永久性的生活狀態，也不要把加班賺錢視為換取生活幸福的方法。

工作是每個人生活中的重要部分，但卻不是唯一的部分。

無論你多麼熱愛工作，多麼享受你的工作，也絕對不能拿其他的生活來犧牲，就像經常「廢寢忘食」的人，有一天他們會發現，犧牲的不只是健康的身體，還包括寶貴的生命。

許多人跟小童一家人情況相近，大人們每天加班，除了沒有足夠的時間休息，還得拿辛苦加班的錢，支付代他們陪伴孩子的托兒中心費用。

小童的媽媽說：「這些犧牲是值得的！」

爸爸也贊同說：「是啊，我們一切都是為了這個家。」

有個好友卻勸他們：「值不值得，旁人無法妄下定論，但是別忘了，生活中除了工作之外，還有許多的事情，要靠我們花更多的心力去經營。」

朋友之所以這麼說，是因為他發現，每次拜訪小童家的時候，夫妻倆總是滿臉疲態，小童跟妹妹則坐在角落，安安靜靜地排列積木，偶爾抬起頭看父母時，臉上卻是陌生又帶點厭惡的神情。

朋友發現他們親子之間的距離已經產生，未來可能發生的代溝問題，也隱約可以預見了。

　　朋友曾經對他們說：「你們知道嗎？我偶爾拒絕加班的原因，其實只是爲了跟全家人好好地吃一頓晚餐而已。對你們而言，或許這會突顯我對工作的不盡心，然而我認爲，加班不一定是盡忠職守的表現，如果能在工作時間內完成任務，隨時保持最佳的工作精神，便已足夠了。」

　　朋友接著又說：「至於工作之外的時間，我有家人與朋友們要經營，還有健康要維護。所以，不要讓工作越了界，佔據所有的生活時間，才是保持活力的最佳方式。」

　　加班是工商社會裡的常態，其中除了因應商業競爭的必須外，也有人是因爲工作時間分配不當，導致不得已的加班情況。當然，也有人是爲了多賺點錢，充實自己的財富。

　　不過，當你下一次再加班時，不妨想一想，如果你減少加班的次數，對生活會有多大的影響？別人可以在不加班的情況下，準時完成自己的工作任務，你爲什麼不能？

　　不要讓過度的疲勞成爲永久性的生活狀態，也不要把加班賺錢視爲換取生活幸福的方法，因爲，這些都是錯誤的觀念。

　　適當的工作時數，讓生活與工作皆能得到平衡，才能增加工作效率與幸福生活的指數。不要再用「這麼辛苦全是爲了你們」作爲藉口，當你希望家人能體諒你時，別忘了他們也需要你的問候，一個全心全意、不被工作佔據的關心。

　　工作是生活的一分子，親子溝通也是生活中的一部分，即使簡短地聊聊天，也要暫拋工作心思，全心全意地關懷家人才是。

再辛苦的難關
也一定能走過

時間一定會帶走所有困頓，

所以我們一定要努力上進；

只要一過了這個難關，

下一步我們就會來到夢想的天空。

關懷是支持生命的最大力量

只要你願意接納和擁抱每一個人，你的生活不僅會充滿快樂陽光，生命也會燃燒得燦亮動人。

證嚴法師曾經說過：「要生活健康，心靈富有，就一定要有愛心。」

支持生命的力量雖然很多，但卻只有愛，才會讓我們的生命更加積極；唯有願意付出關懷的人，才能真正地享受生命的樂趣與幸福。

有個垂垂老矣的婆婆，每天只能坐在陽光下熬日子，面對枯躁乏味的餘生，坐在搖椅上，她經常忍不住叨唸著：「我好像聞到棺材味兒了！」

每當她一想到這裡，原本被太陽曬得通紅的臉，頓時又失去了生氣。悲觀消極的她，經常覺得自己活在世上是多餘的：「是啊，我是一堆快被世界分解掉的垃圾！」

有一天，頹喪的老婆婆又在胡思亂想時，在她身後突然出現一個小女孩的聲音：「奶奶，我好餓喔！您能不能給我一點吃的？求求您！」

老婆婆看著眼前又臭又髒的小女孩，惻隱之心油然而生，於

是一邊拉著女孩進屋找吃的，一邊則親切地問著：「孩子，妳的家人呢？」

女孩泛著淚光說：「我沒有家人！我是個孤兒！」

老婆婆拿出了一塊麵包和牛奶，和善地對小女孩說：「慢慢吃吧！等會兒奶奶幫妳洗澡，好不好！」

小女孩一聽，用力地點了點頭。從此，這間屋裡又多了一個小女孩的身影，每當老婆婆在後院曬太陽時，小女孩都會守在她的身邊。

然而，每當老婆婆又忍不住嘆息著自己就快死了的時候，小女孩都會拉著她的手，著急地說：「奶奶，您不會死的！您不能死啊……」

婆婆每次聽見小女孩著急地哭了，都會將女孩抱在身邊，安慰她說：「好，好，奶奶不會死！」

女孩一天一天長大了，為了孩子的未來，老婆婆開始出去工作。由於年事已高，她只能撿拾些破酒瓶來換錢，雖然生活吃緊，但她卻十分努力地四處尋找可以回收的酒瓶。

其實，死神來找老婆婆好幾次了，然而每當老婆婆嗅到死神氣味時，都會喃喃說道：「再過一陣子吧！那孩子還需要我！」

死神似也被老婆婆的大愛所感動，每當老婆婆從氣息奄奄中忽然精神抖擻起來，人們也相信真有「死神」這一回事。

小女孩終於長大了，然而，長大後的女孩卻找到了新的依靠，與一位年輕人走了，從此沒有再回到老婆婆的身邊。

這天死神又悄悄地來了，倚在窗邊的老婆婆，眼神正凝望著遠方，似乎期待著奇蹟能夠出現般。

死神搖了搖頭，說：「時候到了，我們走吧！別再等了！」

只見老奶奶安詳地點了點頭，雙眼從此闔上，當人們發現她

時，卻見她滿臉堆滿了笑容。

　　當我們看見老奶奶帶著笑容離開人間，我們感受到了施惠者的快樂感受，也明白了時時懷抱愛心的好處。

　　不必太在意女孩的一去不回頭，因為那不是故事中的重點，也不是老奶奶撫養女孩的最終目的。

　　對老奶奶來說，臨老還有個活力十足的小娃娃來陪伴，即使付出再多，也是她歡喜甘願的享受。

　　看著老奶奶晚年燭光如此熱烈地燃燒，你是否明白了關懷的好，又是否願意從此刻開始，把無私的關懷時刻放在心上呢？

　　張開雙手吧！只要你願意張開雙手，人們自然會上前給你一份熱情擁抱，只要你願意接納和擁抱每一個人，你的生活不僅會充滿快樂陽光，生命也會燃燒得燦亮動人。

再辛苦的難關也一定能走過

 時間一定會帶走所有困頓，所以我們一定要努力上進；只要一過了這個難關，下一步我們就會來到夢想的天空。

時鐘停擺的時候，換上了新的電池，看著秒針積極地前進，聰明的人也領悟到，不管生活多麼沈重，一切都會過去！

一切都會過去，千萬不要被眼前的逆境圍限，堅強地熬過下一秒鐘，我們便能嚐到苦盡甘來的滋味。

如琳從小就對祖母留下來的桃花木盒很感興趣，特別是那個工藝精美的銅鎖，在如琳的爸爸經常擦拭之下，保持得十分黃亮。

「裡面裝了些什麼東西呢？」小如琳雖然經常看見父親拿出這個小盒子，但是卻從未見過盒子裡的東西，一直到她十七歲生日的那天。

「如琳，妳過來。」

只見父親拿出了祖母的小木匣遞給了如琳：「打開它！」

如琳有點懷疑地看著父親，因為這麼多年來，不管她央求父親多少次，他從來都說：「不可以。」

如琳的爸爸似乎看出了女兒的遲疑，用力地點了點頭。

於是，如琳小心翼翼地打開了盒蓋，裡面有一個繡花包，不

過這個繡花包看起來鼓鼓的。

「咦？裡面還有東西！」如琳的心跳得非常厲害，感覺興奮莫名。

小荷包打開了，裡面竟是一包針和幾綑線！

如琳吃驚地看著小荷包，這時父親對她說道：「孩子，這是妳祖母留下來最珍貴的財產，我和妳叔叔他們全靠妳祖母這些針線，一點一滴把我們扶養長大。妳祖母去逝之前，只留下了這個盒子，她要後輩子孫們知道，只要能勤奮上進，再辛苦的難關都能走過。」

如果你邊聽著一曲傳統歌謠，邊閱讀這篇文章，心中定然會充滿感動，看著如琳奶奶的桃花木盒，我們也看見了上一代努力傳承給下一代的希望。

在早期的台灣社會中，有著所謂的針線情。當年，我們可以在加工出口區看見一個個充滿風霜的面容，更會在她們的面容上發現一份堅毅的韌性女工們為了下一代，更為了她們所愛的一切，將血汗全編織在一件件織品裡，我們也看見了她們希望的未來。

「時間一定會帶走所有困頓，所以我們一定要努力上進；只要一過了這個難關，下一步我們就會來到夢想的天空。」這是老奶奶放在桃木盒裡的深意，也是她留給後輩子孫們最珍貴的遺物！

為了擁有，我們必須學會犧牲

因為貪婪，我們鮮少願意為世界犧牲，只知道向自然索求，因為私我，我們總是期待別人能多付出一些。

想擁有，我們必須先有所犧牲；先犧牲，我們才會擁有。

因為，擁有和犧牲是互補的，這是千古不變的定律，也是避免人們過分貪婪的自然法則。

一場突如其來的大雨，讓山上的洪水開始翻滾而下，正在工地裡休息的工人們聽見了山洪爆發的聲音，全都驚醒了過來。

忽然，有個人叫喊了一聲：「洪水來了！」

現場所有的工人們開始慌張地奔逃，一路往北狂奔，最後來到一座狹窄的獨木橋頭。洪水聲越來越近，大水已經淹到了他們的腳，只見一群人全擠在橋邊不知所措。

這時老工頭突然站到人群的前方，冷靜地說：「這座橋十分狹窄，大家排成一列，不要推擠，一個一個地走過去，年輕人排在最後！」

人群中有人叫喊著：「年輕人也是人啊！」

老工頭一聽，冷冷地說：「別廢話！想早點走的話，到我這兒來登記啊！」

大家看見老工頭滿臉不悅，也不敢再多說什麼，一百多名工人們很快地排成了一列，依序從老工頭的身邊走過了獨木橋。

　　洪水越淹越高，忽然，老工頭發出了一個怒吼聲：「你還是個人嗎？」接著，從人群中拉出了一名小伙子，罵道：「你最後一個走！」

　　年輕人被拉在一邊，忍不住狠狠地瞪了老工頭一眼。

　　所幸，這個小插曲沒有影響到隊伍前進的秩序，就在木橋快要抵擋不住水勢的同時，工人們幾乎都安全地來到了對岸，除了老工頭與年輕人。

　　水已經深及他們的胸膛，情勢十分危急，對岸的人們紛紛著急地呼喊著：「快過來啊！」

　　只見年輕人催促著老工頭：「你先走！」

　　但老工頭卻怒吼著說：「少廢話，你先走！」他用力地推著年輕人上橋，但就在這個時候，一聲轟然巨響，木橋斷了！

　　老工頭親眼目睹年輕人落入洪水中，原本嚴肅的臉登時充滿了悲痛，就在他張口想叫喊時，一個大浪忽然打在他的身上，兩個人同時消失在湍急的洪水中。

　　工人們眼看著老工頭與年輕人雙雙被洪水吞沒，卻無力上前救援，全跪在岸邊哭泣。

　　五天以後，洪水退了，一個滿臉哀傷的老太太被人攙扶著來到岸邊，她是來這裡祭奠被洪水吞沒的兩個人：「老頭子，你還算有兒子相伴啊！而我卻只有一個人哪！」

　　工人們聽見老太太的哭喊，忍不住都紅了眼眶。

　　看著父親指導孩子要懂得為大愛犧牲的畫面，也看見為了親

情犧牲的畫面，閱讀至此已經有許多人紅了眼眶，再見到最終老太太不捨親人的畫面後，相信許多人早已感動得不能自已。

　　故事結束時，你是否也忍不住會問自己：「相同的事情如果發生在我身上，我會怎麼取捨？」

　　生長在強調個人主義的現代社會中，我們早已習慣以自己為中心，處處只為自己著想。因為貪婪，我們鮮少願意犧牲，只知道索求，因為私我，我們總是期待別人能多付出一些，自己卻不願多為他人著想。

　　省思至此，看見故事中工頭傳遞出來的「為他人犧牲」的精神，我們除了感動外，是否也該想想：「我是否太本位義了呢？又是否忽略了他人的感受，以及與生命之間互動時的真正需求？」

在信守諾言中培養勇氣與承擔

 讓孩子們在規則的遵守中，培養出遵守社會
秩序與良性互動的品格。生活中一切人事物
都富含著極大的潛移默化作用！

生活中的每一個環結都環環相扣。因為能堅守諾言，我們會
是個勇於承擔責任的人，為了遵守信用，我們會從評估自己的能
力後，學會量力而為。

能做到堅守並尊重諾言的人，實在是少之又少，不過在德國
卻有這樣一則信守承諾的小故事。

冬夜裡的城市十分冷清，一位正要趕搭末班車回兵營的軍官，
卻被一位婦人攔阻。軍官有些生氣地說：「我要趕回兵營去啊！
快走開！」

婦人一聽，連忙退了一步，但旋即又上前哀求：「對不起，
長官，我不是故意要找您麻煩，只是，只是我有個孩子，他還站
在街頭……」

婦人有些吞吞吐吐地說：「對不起，因為我兒子和其他孩子
們原本在街角玩站崗遊戲，但沒想到遊戲結束後，其他的孩子們
都回家睡覺了，只剩下我的孩子還堅持要站在崗位上。因為他說：
『不行，我的指揮官說，沒有命令就不能撤退！』我不知道該怎

麼辦，只好求您幫個忙，好嗎？」

　　軍官聽完婦人解說後，沒多說什麼，便跟著婦人來到孩子的面前。只見軍官先是給孩子行個軍禮，並報完他的官階，接著便嚴肅地對著男孩說：「孩子！你的表現十分出色，現在你的任務已經完成了，我命令你立刻撤崗回家。」

　　「是！」孩子宏亮地回應。

　　從一個小小的遊戲中，我們也看見了孩子們的個性特質，為了堅守長官命令的遊戲規則，男孩雖然表現出固執，卻也讓讀者看見了：「未來，他一定是個勇於承擔責任的人！」

　　從小，我們都曾參與過各式各樣的遊戲，無論是否都能確實遵守遊戲規則，還是經常靈活變通，都代表著我們將來解決問題的態度，所以我們知道，遊戲其實不只是遊戲，也是教育。

　　像扮家家酒，孩子們在分擔家務的過程中，培養出與家人們溝通協調的能力；其他各式追趕跑跳等趣味遊戲，則讓孩子們在規則的遵守中，培養出遵守社會秩序與良性互動的品格。

　　就像故事中孩子對於命令的遵從，讓他在遊戲的過程中學會了承擔重任，與堅守諾言，從中我們啟發了一件事：「生活中一切人事物都富含著極大的潛移默化作用！」

　　故事中的孩子，在寒風中仍然能信守諾言的表現，對於承諾的嚴守，也讓我們深切地體認到，凡事都得從小培養。

為愛犧牲，更要為愛珍惜

真正的愛不一定要犧牲，如果兩個人有著
患難與共的心，支持的力量反而會讓我們
戰勝一切難關！

為愛犧牲，不如好好地珍惜你的真愛。

有人說，愛情的基本是要懂得犧牲兩個字，然而事實證明，
一味地犧牲反而更容易讓愛情破碎。

因為，犧牲更多時候代表著放棄，一旦放棄，想再將對方的
心挽回，恐怕再也沒有機會了。

小靜正獨自一個人在公園裡散步。她擁有著挺直的鼻，鼻樑
下方則配搭了一只小巧迷人的嘴，再加上那雙水汪汪的大眼睛，
人們只要一看見她，都忍不住要多看好幾眼。

今天，她穿了一件黑色的風衣，肩膀上則披著白色的絲巾，
這一身簡單素雅的裝扮，更突顯出她的非凡氣質。

「咳！」小靜忽然滿臉痛苦地摀著胸口。

糾結的眉心讓人看了都感到心疼，看護人員嘆了口氣，對著
身邊的人說：「可憐的女孩，當她聽見男朋友去逝時，她竟得了
肺炎，如今，她的生命時間正一天天地消逝中。」

「咳！咳！」

小靜又咳了好幾聲，知道自己的疾痛會傳染給別人，善良的小靜與人群越走越遠，有時候連家人要來為她打氣，她都拒絕見面。望著遠方，這時突然颳來了一陣風，將小靜身上的絲巾吹落到地上，但有些失魂落魄的小靜似乎一點也不在意，只見她帶著滿臉的愁容，繼續往前走去。

　　就在她信步走到小徑的盡頭，準備折返回來時，正巧迎面走來一個男子。

　　這個男子的臉上一點表情也沒有，小靜看了他一眼，男子則冷冷地將手中的白色絲巾遞給了小靜。

　　小靜接過手後，正準備出聲道謝時，卻見男子的臉上出現了很奇怪的神情。

　　小靜看見男子臉上的變化，忍不住猶豫了一下，最後連謝謝也沒說，便匆匆地收起絲巾，轉身離去。

　　不久，小靜病況轉惡，她痛苦掙扎了二天之後，最後還是很不幸地去世了。

　　沒想到過了三天，看護人員聽說幫小靜拾起絲巾的男子也死了，連遺言也未留完：「我們真的很相愛，我們都……」

　　最重要的是，看護人員還打聽到一個消息，那個男子也是位肺炎患者！

　　看完了故事，聰穎的你是否也看出故事裡的玄機？

　　為了保護女孩，男孩忍痛犧牲自己的愛意。也因為愛，男孩堅決離開女孩的身邊，獨自忍受相思苦楚。

　　然而，當我們在看完故事之後，相信許多人都要忍不住斥責老天爺的捉弄：「兩個人都已經病了，為了什麼還要刻意地隔開？

兩個人都已經不再見面了，爲什麼還要安排這樣的巧遇？」

重新勾起了思念，於是我們忍不住猜測著，眞正把他們推進死亡圈的手，不是重病，而是兩份無法割捨的思念。

於是，因爲這份思念的痛苦，讓我們忍不住思量：「要怎樣爲愛犧牲才值得，是獨自承擔，還是一起分擔？」

愛情的標準因人而異，爲愛犧牲的程度也因人而異，我們無法找到犧牲的絕對值，也無法設計出標準值，只能給與天下有情人一個建議：「你可以為愛做出犧牲，但更要懂得珍惜，因為真正的愛不一定要犧牲，如果兩個人有著患難與共的心，支持的力量反而會讓我們戰勝一切難關！」

懂得尊重才是真正的愛

 缺乏包容與尊重的人際交流，很難擁有美好結局，缺乏包容與尊重的愛情追逐，無法擁有美好的成果。

謙虛的微笑最是美麗，包容的臉龐最是溫暖。

當我們的目光投注在美麗的微笑裡便再也無法移動，當我們的心思專注於包容的臉龐中便會感受幸福的滋味。

在街角的一間獨棟公寓頂樓，有個美麗的女子正站在陽台上乘涼，她那似水般的雙眸以及微風吹拂的秀麗髮絲，總是不經意地引得路人佇足欣賞。

「那是誰家的女孩？真美！」路過的人們總是這麼讚美著。

有一天，有個男孩經過此地，也和大家一樣被女孩的美麗吸引，忍不住地停下腳步，仔細欣賞。但是，男孩這一佇足，從此再也離不開了，因為他完全為女孩的美貌著迷。

有一天，女孩準備出門時，男孩立即上前表示友好：「小姐您好，我十分喜愛您，能不能和妳交個朋友？」

女孩滿臉傲氣地看著男孩，接著便不屑地說：「好哇！如果你真的那麼喜歡我的話，請你站在陽台下一百天，我自然會下樓來找你。」

男孩果真實行了，無論颱風下雨，他從來都沒有離開過。

「明天就是第一百天了！」驕傲的女孩忍不住想看看那個男孩。然而，就在這個時候，她卻看見那個男孩緩緩地站了起來，提起了椅子若無其事地走了。

女孩一看男孩居然走了，竟難過得暈了過去。

把頭抬得高高地看人，人們當然無法感受到你的情感，更別提他們是否能接受你了。

畢竟多數人不懂得經營一份充滿距離感的情感，更因為難以估量到收穫多少，寧願放棄，一如故事中的男孩。

如果外表的美麗僅止於外表，醜惡的內在最終還是會被發現。因為外表的包裝一向很薄，只要輕輕一碰觸或是步伐再靠近一些，我們不難發現內裡的物件，了解到這樣的愛戀不值得付出！

領悟了故事想告訴我們的旨意，還高掛著傲氣的人們，是否已經開始收斂起氣焰呢？

缺乏包容與尊重的人際交流，很難擁有美好結局，缺乏包容與尊重的愛情追逐，無法擁有美好的成果。

所以，無論我們正在經營什麼樣的情感，都不能忘記這個道理：「不管是愛情、友情還是親情，包容與尊重是串起這些情感的重要環扣！」

「真」是生命中最珍貴的

對你來說,什麼才是你生命中最寶貴的東西?是錢?是文字?還是健康?又或是情感?

　　眞實地分享你的生命,不必隱藏,因爲你分享得越多,人們回應給你的眞實情感將會更多!

　　能將情感紮實地展露出來,人們才會誠摯地接納你,倘若這是你生活中是重要的目標,你將不自覺地展露出生命的自信。

　　岸邊走來了一個有錢人、一個拳擊手、一個高官和一名作家,他們來到渡船邊,同時要求擺渡人載他們渡河。

　　但是,擺渡人卻出了道難題給他們:「沒問題,但是你們要把自己最寶貴的東西分一點給我,不然別想搭我的船。」

　　有錢人拿出了一筆錢,擺渡人立即笑著說:「請上船!」

　　這時拳擊手舉起了他的大拳頭說:「這個你吃得消嗎?」

　　擺渡人一看,微笑換成了一個苦笑:「也請上船。」

　　已經想了很久的高官,這時說:「你送我過河之後,就別做這麼辛苦的工作了,不如到我府第裡工作吧!」

　　擺渡人聽了非常開心,連忙上前扶他上船。

　　接著,作家則說:「我最寶貴的東西是寫文章,但我現在一

時也寫不出來，不如我唱首歌兒給你聽吧！」

擺渡人揮了揮手，說：「唱歌？我也會唱啊！如果你什麼都沒有，唱首歌也行，只要你唱得好，便送你到對岸去。」

作家清了清嗓子，接著便唱了起來，但他還未唱到一半便被擺渡人打斷：「你唱這什麼歌？真難聽。」

說罷，他便撐起了篙子，離了岸。

作家呆坐在岸邊，只見暮色越來越濃了，不禁想起等在家裡的妻兒們，還期待著他手中要來的米。

又冷又餓的作家，心中一陣酸楚：「為什麼會這樣呢？唉！我從未做過壞事，老天爺為何要這樣待我！」

「你這個嘆息聲比剛才唱的歌好聽呢！現在，你已經把最寶貴的東西分享出來了，請上船吧！」

擺渡人忽然靠岸，作家吃驚地看著他的改變。

擺渡人似乎看出作家的困惑，笑著說：「剛剛你已經把心中最真實的感受和我分享了！」

作家終於來到了對岸，思索剛剛擺渡人說的那番話，深覺：「船夫說真好，如果作家沒了真實的情感，創作之路當然無路可走了！」

第二天，作家來到了岸邊，擺渡人已經不見了，因為他決定到高官家工作了。作家看著船，心想：「我不如來做擺渡人吧！」

少了財富的誘惑和權力的壓迫，他以誠摯的情感運送每一位客人，也要求乘客們能以真情回報。

工作一段時間後，作家從中有了領悟：「我竟然從未改行啊！原來，創作和擺渡一樣，都是要把人渡到前方去。」

看似不同的分享方式，其實有著共同的特質，那便是故事中的人物都將身上最真實的東西分享與擺渡人，像有錢人的金錢、拳擊手的拳頭、高官的權力，以及作家創作時的真情。

　　也許，有人要質疑金錢及權力的真實性，甚至對拳擊手伸出的拳頭嗤之以鼻，但是我們若能仔細分辨，對有錢人來說，金錢不正是他人生最真實的東西嗎？高官一生追求的真實目標不正是權力嗎？至於拳擊手的拳頭，不正是他生命的全部？

　　那麼對你來說，什麼才是你生命中最寶貴的東西？是錢？是文字？還是健康？又或是情感？

　　聽見作家的嘆息聲，你是否也感受到作家的真實心聲？看見有錢人大方分享金錢，你是否也感受到富翁真實的金錢慾望？

　　當作家最後領悟「人渡人」的終極目標時，我們也領悟了擺渡人分享的寓意：「渡，為了跨越到另一個境地，所以等著人渡，當船夫渡送我們來到了彼岸後，繼續往前走，我們都將發現，接下來我們也要伸出雙手去引渡另一個人，而這才是人生的真諦。」

誠摯的淚光最為閃耀動人

待人真誠，我們才能享受動人的畫面，因
為溫厚的心意，我們才能嚐到生命中的幸
福感受！

法國文豪羅曼羅蘭曾經寫道：「一個勇敢而率真的靈魂，能
用自己的眼睛關照，用自己的心去愛，用自己的理智去判斷，不
做影子，而做人。」

感動的淚光必須發自內心，因為，要是虛情假意，人們始終
都感受得到；因為，不是發自真心的感受，再多的淚水也不會出
現亮麗光芒。

在缺乏光芒的淚水中，我們也看見，在他們心中少有生命的
共鳴，當然也鮮少表現出對生命的關愛。

有個熟識高爾基的作家，曾寫了一篇關於高爾基流淚的故事，
文中，作家回憶著他遇見高爾基的四次流淚的情景。

那一天，高爾基聽聞另一位作家契訶夫去世的消息後，一整
天都沉默不語。

直到晚上，有人在廣場上施放煙火時，他才走出門口，對玩
煙火的人們說：「別放煙火，契訶夫剛剛去世了！」

當時，這位作家聽得出來，高爾基的聲音有些顫抖，當然也

看見了他眼角閃爍的淚光。

再一次，是和高爾基一起看電影時。

銀幕裡，出現了一個小孩躺在鐵軌睡覺，轉換個鏡頭是一列火車正急疾馳來，忽然，鏡頭又切換至另一個畫面，有隻小狗冒死迎向火車跑去，牠想要阻止火車前進，拯救牠的小主人。

這一次，高爾基被這隻忠勇的小狗感動，淚光在黑暗中靜靜綻放著。

第三次是在斯默爾尼宮的群眾聚會上，當大會結束，全體與會者起立高唱歌曲之時，那撼動人心的宏壯歌聲，再次讓高爾基熱淚盈眶！

第四次是在彼得格勒車站裡，那天高爾基踏上火車後，站長說司機和爐工想和他見面，高爾基欣然同意：「那是我的榮幸！」

就在與四隻粗糙的手緊握之後，高爾基的眼眶再次紅了。

從高爾基的感動淚水中，我們也看見了一顆容易感動的心，如此易感的心，其實也十分容易觸動他身邊的人。

因為，人們會忍不住跟著他的腳步，一同欣賞或感受身邊的人事物，並且會不自覺地和他一般，只要事物輕輕觸動，便會跟著墜入易感的漩渦中。

心意真誠的人很容易被周遭的細微事物感動，因為他們心中懷抱著善良，對生命也充滿了關愛之情。

對他們來說，萬物自然是一切的根本，他們習慣以寬闊的胸襟來付出關懷。就像高爾基觸碰到司機手上的厚繭一般，心思細膩的他，再一次地觀察到細微的生命付出，並讓淚水傳達出他的領悟：「別小看這個粗糙的手繭，就是這個手繭，我們才能有今

日的發達與便捷！」

從煙火到小狗救主的畫面，再到火車司機手上的繭，我們看見了高爾基的觀察入微，更敬佩他對人的關心、體貼與尊重，這些也是你我在人際交流時最爲重要的事。

因爲，待人接物時眞情以對，所以高爾基的淚水總是能觸動每一個人，然後我們也領悟了故事中的旨意：「待人眞誠，我們才能享受如此動人的畫面，因為溫厚的心意，我們才能嚐到生命中的幸福感受！」

人生只需一個全力以赴的目標

人生難免會有許多慾望和期望，只要我們能冷靜堅持，無論多大的阻礙，生活始終都會有出口。

從許多科學家或音樂大師的故事中，我們不難發現，讓他們經常廢寢忘食的目標只有一個，那就是他們在獨一無二的工作或自己喜歡的事務上，一再地堅持：「好，還要更好！」

不求物質享受，專心致志就是成功的不二法門。

陳景潤是位著名的數學家，終日埋首於數學世界裡，幾乎廢寢忘食。他不與人交往，就連與家人之間的見面時間，竟然也有安排，像是與妻子的見面每天僅有二十分鐘，與兒子相處的時間則是一星期六十分鐘，其他關於食衣住行或家務分工或開支等事，他一概不過問。

然而，有一天，他卻心血來潮，突然對妻子說：「我幫妳買菜。」說著，便拿起了妻子手上的菜籃子，走下樓去，往附近的菜市場前進。

但是，當他來到市場後，只在攤販前轉了轉，最終卻又什麼也沒有買，因為他的心在轉了幾轉後，又飛回到他的書房與數學程式中了。

沒想到就在他轉向準備回家時，突然忘了來時路了。

他在大街上轉了又轉，竟怎麼也找不到距離菜市場只有幾十公尺路程的家門。於是，他不得不開口問人。

然而，就在他準備開口請問時，竟連門牌號碼也想不起來了，接著竟見他逢人便問：「請問，我的家在哪兒？」

路人聽見他這麼問，都以為他腦袋有問題，紛紛躲開了他。

這時，陳景潤又想：「咦？那我的家又是誰的家呢？」

數學研究慣性的反證思考，讓陳景潤聯想到了另一種發問的方式，只見他問道：「請問，陳景潤家在哪裡？」

這時，正巧有個友人走了過來，一看見朋友竟然這麼問話，不禁笑著說：「你不就是陳景潤嗎？」

於是，這個認識陳景潤也了解陳景潤，但陳景潤對他一無所知的人，像帶著小孩似地，小心翼翼地將陳景潤安全地帶回家。

等了半天，卻不見丈夫歸來的陳妻，了解丈夫的情況後，從此再也不敢讓丈夫獨自下樓了。

從那一天起，陳景潤更深埋於他的數學王國中。有人說，他很幸運，若不是他學有專長，成就非凡，怎麼可能得到這麼多人的照顧，又如何能在複雜的社會中獨力生存？

不過，有人則反駁，鑽研於數學中的陳景潤，若不是思想單純，滿腦子除了數學還是數學外，又怎麼能幾十年如一日地在數字上鑽研，進而得到世所矚目的「哥德巴赫猜想」，即後來人們統稱的「陳氏定理」。

生活中難免會有許多繁瑣的事，人生也難免會有許多慾望和期望，但是在這麼多的生活需求中，有多少人能讓每一項都圓滿

達成呢？

　　故事中的重點並不要顛覆生活常識的認知，而是要提醒我們：
「我的人生目標到底在哪裡？」

　　想有一番成就，從大數學家的突發狀況中，我們應當另有深
省，深省自己目前所投注的工作或夢想，是否也像陳景潤般全心
全力，廢寢忘食？

　　看著忽然迷路的陳景潤，再看見他靠著專業能力而找到人生
的出路，我們不也得到了另一種證明，證明只要我們能冷靜堅持，
無論多大的阻礙，生活始終都會有出口。

不要用破壞的
方式追求滿足

不必禪悟佛說,

每個人都懂得什麼是犧牲的真諦,

只要我們知道什麼叫做愛,

知道該怎麼表現心中的無私大愛。

不違法理，堅持自己的原則

待人處世要能站穩腳跟，凡事更要謹守既
定的法理原則，才不會落人口實，也才能
坦蕩前進，贏得更多的支持。

不要用情感來做決定，「法理情」才是解決問題的最方法，
只要能站穩法理的基本規則，人性情感自然能得到呵護、關照。

因為，在關鍵時候還能堅持原則的人，多數能捉住問題的核
心，並能迅速將問題解決，這不僅是判斷一個人處事能力的重要
依據，更是發現其道德水準的重要根據。

美國前總統喬治·布希是個謹守原則的人，只要他堅持一就
是一，沒有任何商量的餘地。

一九八一年，當時身為副總統的布希正準備飛往外地。

然而，就在出發不久後，他突然接到國務卿海格從華盛頓打
來的電話：「出事了，請你儘快返回華盛頓。」

緊接著又過了幾分鐘，傳來一封密電，竟是雷根總統中彈的
消息，同時也通知他，總統正在華盛頓大學醫院的手術室裡急救。

飛機調頭飛往華盛頓，當飛機在安德魯斯著陸前四十五分鐘，
機上的副官約翰·馬西尼中校來到前艙，準備降落。

就在飛機緩緩下滑時，中校突然對副總統說：「如果我們按

照常規，在安德魯斯降落後得再換乘海軍陸戰隊的直升機，然後再飛到副總統住所附近的停機坪，接著才能駕車前往白宮。這恐怕要浪費許多時間，不如我們直接飛往白宮，您認為如何？」

布希聽完中校的報告與建議，考慮了一下，仍堅持按照常規行事。

中校聽見副總統仍然要依照原來行程，忍不住又提醒：「但我們到達時，市區正值交通高峰期，街道上的交通肯定會很擁擠，那恐怕會多耽誤十到十五分鐘的時間。」

沒想到，了解情況後的布希，仍然堅持著：「也許會這樣，但我們仍然必須堅守規則。」

馬西尼中校點了點頭說：「是的，先生。」

布希發現馬西尼中校似乎困惑不解，於是他解釋說：「約翰中校，只有總統才能在白宮的南草坪上著陸啊！」

原來，身為副手的布希堅持著這麼一條原則：「美國只有一個總統，而副總統不是總統。」

中校也聽明白了，原來布希堅持的，是總統與副總統之間的互信基礎與相互尊重的禮儀，這也正是布希成功的重要原因。

堅持不等於固執，「堅持原則」最重要的意義，就像布希副總統所表現出來的：「絕不踰越法理常規，更不能為了打破常規而找尋藉口，凡事都要合乎法理，即使情況再特殊，我們都應謹守自己的本份。」

看著布希副總統的堅持，相信有許多人看了都不禁要感到慚愧吧！

反省自己，一件件為了飽足私利的投機取巧，反省我們，曾

經為了鑽漏洞所推出的藉口，然後我們也發現了，因為腳跟始終沒有站實，而讓自己一次又一次地挫敗的事實，從中我們也再次領悟了「凡事要問心無愧謹守本分」的重要性。

　　從故事中，我們再次想起了長輩們所耳提面命的：「待人處世要能站穩腳跟，凡事更要謹守既定的法理原則，如此一來，我們才不會落人口實，也才能坦蕩前進，贏得更多的支持。」

真誠的謝意就是最好的回報

 懂得什麼才叫無價的人，必定能看見隱藏
的誠摯心意，從中享受到生活上真正的快
樂與滿足。

　　無論是得到別人的幫助，還是我們伸手助人，在互助的交往
過程中所激起的火花，究竟是暗淡無光，還是燦亮無比，全看我
們用什麼樣的角度看待，又用什麼樣的心態去行動啊！

　　有位樂善好施的醫生，今年來到了一個極其偏遠的村落行醫。
　　在這個多數是貧苦人家的小村莊，醫生努力地幫深受病痛之
苦的村民醫治，而且分毫未取。
　　其中，有位感恩圖報的村民，為了感謝醫生的善行，花了三
天時間的路程，將一捆柴挑到城裡，送給這位善良的醫師。
　　他激動地對醫生說：「先生，謝謝您救了我的親人，這些柴
大約有一個月的量，不夠時我會再送來，謝謝您！」
　　醫生看見地上的大捆柴，笑著說：「好，謝謝你，不過，你
以後別再送任何東西來了，因為很多東西我是用不到的！」
　　村民告辭之後，有個同事忍不住笑著說：「那傢伙真是個鄉
巴佬，我們城裡哪用得著這些東西，真是白費工了。」
　　醫生正感動地看著那一大捆乾柴時，竟聽見友人如此嘲諷，

搖了搖頭，說：「他沒有白費！」

醫生說：「這是我行醫的生涯中，收到最珍貴的禮物！」

醫生泛著淚光，再對友人說：「捆在柴裡的誠意是無價的，那將是我人生中第一筆新添的無價財富。」

生活中最珍貴的東西，從來都不是金錢或物質，因為這些可以評估辨識的物件，無論價格多高，始終都會有個定數，這些東西與故事中醫生所收到的「感謝心意」是無法比擬的。

在一報還一報的人際規則裡，不應該抱著「還完了事」的態度，而是要有真情待人的感恩心。

畢竟，當人們也以一種「還完了事」的態度時，我們不僅感受不到對方感謝的誠意，更會因為人們用金錢或物質的回報，讓原本蘊涵在交流過程中的情感，慢慢地逝去。

所謂「千里送鵝毛，禮輕情義重」，一捆柴看起來也許寒酸微薄，然而就像故事中的醫生，懂得什麼才叫無價的人，必定能看見隱藏於木柴裡的誠摯心意，從中享受到生活上真正的快樂與滿足。

不要用破壞的方式追求滿足

不必禪悟佛說，每個人都懂得什麼是犧牲的真諦，只要我們知道什麼叫做愛，知道該怎麼表現心中的無私大愛。

也許因為人類太過聰明了，以致於經常用破壞的方式來滿足自己，更忘了與我們身邊息息相關的一切和平共處。

當臭氧層越破越大，當地球溫室效應越來越劇，當人們越來越無法適應環境時，我們是否應該認真思考，放下心頭沈重的慾念，從自然定律中，重建我們的生活態度呢？

「象腳花瓶」出自於一個世界著名的獵人之手。

那年，這個獵人來到象群們必經的原野上狩獵，當時他看見了一對母子象，正在原野上漫步步。

他鎖定了母象，先是開了一槍，沒想到竟沒有射中，反而驚動了象群，只見這對母象和小象，忽然慌張地奔逃起來。

但就在這個時候，獵人發現母象的速度變慢了，於是他再次瞄準目標，又補了一槍。

就在母象倒下之前，獵人這才發現，原來母象之所以速度變慢的原因，竟是為了小象，因為牠的孩子還小跑不快，而先前的吼叫聲，似乎是催促著：「孩子，快跑啊！我的孩子，你不要管

我，快跑，不要停下來，快……」

不久，獵人還看見了更令人動容的一幕。

小象發現母親中彈了，著急地跑回到母親身邊，沒想到就在這個時候，母象實在支持不住了，「轟」地一聲倒下，壓倒正巧奔回母親身邊的小象。

「嘶……」只聽母象與小象同時嘶叫了一聲，像似相互安慰的聲音。

那像是母象安慰著小象：「孩子，媽媽會保護你的！」

更像是小象安慰著母象：「媽媽，我來陪伴妳了！」

塵土揚起，大小象同時倒下、死去，獵人看著這份情深義重的親情畫面，忍不住低下了頭，因為他深感無顏面對。

獵人將這對大小象帶了回去，小心翼翼地將母象製成美麗標本，且栩栩如生有如生命重現。

至於小象，因為在母親的重壓下，幾乎面目全非，只剩小象腳是完整的，於是獵人小心翼翼地將象腳保留，並將它製作成美麗的「象腳花瓶」。

從此，獵人再也不打獵了，據說在他死後，家人幾乎將他的收藏全部販售，唯獨這只「象腳花瓶」被留了下來。

因為，他在遺囑中特別指定：「這只象腳花瓶是無價的之寶，我要你們捐給博物館，並且讓世人們明白這只象腳花瓶中深蘊的涵義。」

其實，不必禪悟佛說，每個人都懂得什麼是犧牲的真諦，只要我們知道什麼叫做愛，一如故事中的大象與小象，因為親情的緣故，牠們知道該怎麼表現心中的無私大愛。

從母象的呵護中，我們看見了小象的關愛回晴，也領悟出必然存在於萬物情感裡的自然親情，一如人們常說的「養育」與「反哺」的自然關係。

　　母象倒下的那一幕，不僅震撼了讀者的心，更激起了獵人的惻隱之心，從中我們也看見了他對生命的深省：「生命是無價的，動物不應是人類的寵物或獵物，牠們和人類一樣皆屬天地萬物的一份子，牠們和人類一同站立在同等的生命起源與地位，疼惜牠們，也等於珍惜我們自己！」

善意的謊言也能成就幸福

為了讓生活更加祥和且溫馨，在適當的時候編織些美麗謊言，不僅能促進社會和諧，更能讓每一個人品嚐到幸福的滋味。

美麗的謊言大致可以分為兩種，一種是別有居心的蓄意欺瞞，一種是本意善良的暫時隱瞞。

至於人們經常運用的是哪一項，我們最佳辨別的方式，就是仔細聆聽發言者的言詞，是否充滿了對社會、對你我的真心關懷。

有個極為孝順的男子，聽見他雙目失明的母親說：「如果可以的話，我實在很想看一眼你們說的花花世界。」

男子聽見母親這麼說，決心要讓母親的雙眼復明。

從此，男子上山下海，遍尋眾人公認的名醫。幾年下來，他背著母親，訪遍了各地名醫，更造訪過各個傳說中懂得秘方的江湖密醫，甚至連鬼神巫術等方法都嘗試過。

但是，無論他怎麼努力，母親的雙眼仍然一片黑暗。

不過，這個孝子一點也不氣餒，當他聽說，遠方的一座雪山山巔有個天池，具有神奇的功效，心想或許那正是可以讓瞎眼復明的聖水。

於是，男子背起了母親，往他們希望的目標前進。

也不知道走了多久，他們歷經了千辛萬苦，終於來到了雪山的山峰。

　　然而，就在他們即將來到天池邊時，男子忽然倒了下來。只見他氣息奄奄地趴在地上，努力地想再將母親背起，繼續前進。

　　忽然，他模糊地聽見母親激動地呼叫著：「我看見了，這山好高啊！你看，那天池好美啊！水是那樣的清澈，孩子，你看見了嗎？」

　　男子聽見母親這麼呼喊著，激動地掉下了淚，用力地支持起身子，看了母親一眼，接著便倒下了。

　　男子安心地閉上了雙眼，因為那一瞬間，他看見了母親的笑容，他最終帶著滿臉的幸福與感動，永遠地睡去。

　　與此同時，母親輕輕地撫著兒子的頭，淚水緩緩地滑下。

　　在一片黑暗中，老母親伏在兒子的身上，靜靜地闔上了雙眼。

　　也許，有人認為那只是個善意的謊言，但換個角度看，能夠成全一個幸福的結果，謊言其實也算是真話了。

　　因為，背負在男子身上的母親，已感受到兒子的愛與疼惜，在黑暗中，用心看見了瑰麗的風景。

　　看著故事中的主角雙雙闔眼，沒有傷感的情緒，只有令人會心微笑的幸福感，這也是在激烈競爭的工商社會裡最缺乏的精神——處處為對方著想的體諒與關心。

　　其實，只要出發點善良，只要是為了讓生活更加祥和且溫馨，在適當的時候編織些美麗謊言，不僅能促進社會和諧，更能讓每一個人品嚐到幸福的滋味，那不是很好嗎？

不要輕易地發表自己的見解

只要有可能觸及個人私利，我們就要小心說話，目的不只是為了保護自己，更是為了避免無謂的爭端。

從歷史故事中，我們不難發現一句話便輕易引來烽火戰事的情況，所以當我們在發表個人意見時，要多加思索，不要誤用了一時的情緒字眼，而導致不該發生的仇視與對立。

溫文儒雅的馬丁‧范布倫是美國第八任總統，自年輕時期開始，便已展現出卓越的機智與吸引力。

不過，在政治活動中，他很少表達自己的意見，無論大家討論得多麼熱烈，他都只是聆聽別人的意見，不發表自己的見解，因為他認為：「保留個人意見，更能聽見人們話裡的真假。」

在公眾場合中，他儘量避開像傑克遜那樣直接，更不會像約翰‧亞當斯那般思想頑固，對於他這樣「八面玲瓏」的身段，有人便嘲諷他施展是只知含糊其詞的「范布倫式的政治」。

對於人們的批評聲浪，與馬丁‧范布倫極為熟識的朋友曾這樣說：「即使身為他最好的朋友，也不免要為他過度謹慎小心的態度而擔心，因為，那會讓人們誤解，以為他缺乏政治人物應有的道德與勇氣，或質疑他無力應付各種緊急情況。」

當年，范布倫還是位參議員時，就曾在關稅問題上做出令人迷惑不解的表現。那天，他先闡述了對一般關稅的看法，最後卻讓人摸不著頭緒地宣佈：「我將支持任何適度、明智，且有益於促進國內生產的關稅法令。」

這時，有人不解地問范·布倫的朋友諾爾：「諾爾先生，他的這番話立著點在哪邊啊？」

沒想到諾爾也搖了搖頭，答道：「我也在思考這個問題。」

後來，范布倫在白宮接見客人時，也是賓客之一的亨利克萊對他說：「能有這麼多朋友齊聚，您一定很愉快吧！」

可是，范布倫總統卻回答：「嗯，天氣真好。」

還有一次，有個參議員與人打賭，說他能誘使范布倫說出「肯定」的話語。只見他走到范布倫面前說：「據傳太陽是從東方升起，你認為呢？」

誰知，范布倫卻回答：「嗯，我知道這是大家一致公認的情況，但是，我從未在黎明前起床。」

逢人只說三分，那不是因為過分疑心，而是聰明人知道「言多必失，禍從口出」的道理，特別是像范布倫一般的從政人物，「謹言慎行」四個字對他們來說，是再重要不過的事。

其實，不是只有在政治環境要小心發言，在這個多元社會的中，不論我們身處在什麼樣的工作環境或人際關係中，只要有可能觸及個人私利，就要小心說話，目的不只是為了保護自己，更是為了避免無謂的爭端，為了維護大多數人的生活利益。

我們都曾經有過言多必失的情況，所以看著范布倫的小心翼翼，聰明的你想必更加明白「說好話不如行好事」的處事道理吧！

生命力隨時都能重現

不論阻礙多麼巨大，也不管環境多麼惡
劣，只要不放棄，我們必定能發現生機，
一定能踏上希望的明天。

無論生活多麼平順，每個人都一定會遇到挫折。

在這些大小不一的困難中，只要我們不放棄，生命力量會隨
時展現，支持著我們等待良機，並盡力協助我們克服萬難，好讓
生命之光重現。

當你的生命陷落時，千萬不要讓低迷的心情影響你的決定，
而要試著改變看待事物的角度。

那年，為了重整倫敦的市容，並開闢新的街道以利市景，倫
敦開始提出計劃，也準備拆除許多老舊的房屋。

然而，日子一天又過了一天，新道路不僅遲遲沒有動工，已
收購的舊樓房更是像廢墟般閒置在原地，經過長時間的風吹雨淋，
這個角落像是被遺忘似地，早已失去了生氣，連住在附近的人們，
也寧可繞道而行，不願再踏進這塊廢棄的土地。

直到有一天，有一群生物學家來到了這裡。

他們發現，這片多年荒廢的地區，竟然已發展出一個自然天
地，滿地的野花與野草正生氣盎然地搖曳著。

更令人驚訝的是，在這堆花草中，有許多花草竟是他們在英國從未見過的種類，那些通常只生長在地中海沿岸的花草，如今竟在倫敦的一角滋生。

於是，生物學家們開始研究，這些花草為什麼能出現在這裡；很快地，他們找到答案了，一切竟緣於這些已經倒塌的樓房。

原來，這些樓房大都是古代古羅馬人沿著泰晤士河攻進後建造的，那些花草種籽也在當時同時引進。

只是，它們長久被壓在沉重的石磚底下，無緣接受日光雨露的照料，因而阻礙了生長空間。直到房舍倒塌後，部份磚瓦也被搬移，深埋在房屋底下的種籽，終於重見天日，並展開了它們堅韌的生命力。

看著從瓦礫堆中積極重生的小花，我們也看見了生命的無限可能。人類不也應該如此？要怎麼樣從挫折中發現讓自己出頭伸展的縫隙，始終都得靠我們自己去找尋啊！

靜心地閱讀著這篇短文，我們發現，陽光、空氣、水竟不是種籽最重要的生長助力，最重要的滋養力量乃源於它們自己，這也說明了，無論生命本身多麼脆弱，萬物始終都存有著絕對的生命韌性。

從中我們也領悟到，不論阻礙多麼巨大，也不管環境多麼惡劣，只要不放棄，我們必定能發現生機，只要能像故事中的小花小草堅強等待，我們都一定能踏上希望的明天。

母愛是最珍貴的自然天性

對於至親們的關愛與用心呵護，自己是否曾將之視為「理所當然」，是否曾時刻提醒自己要知道反哺？

母愛的可貴在於母親無怨無悔地犧牲，只問付出不求回報。

你有多久沒有聆聽父母的殷殷垂詢了呢？又有多久沒有看見父母溫暖的微笑臉龐了呢？

請不要以生活壓力當藉口，忽略這些聆聽與探視的小動作。因為，懂得積極行動的人，都一定是最幸福的人，他們知道，世上最珍貴美麗的情感，叫作「親情」；而你我最應該珍惜不放的愛，叫作「母愛」。

有位鄉下女人嫁給了一位老實的農夫，原本就居住在偏僻農村的她，如今卻來到了更加偏遠的小山村。

她來到這個閉塞的村落後，日子過得更加困苦也更不自由，情緒在這個封閉的環境中壓縮，她變得越來越鑽牛角尖，脾氣也越來越差了。

幾乎每天都對丈惡言相向的她，怎麼也沒想到，丈夫在兒子出世後沒幾年便去世了，而她自然也背負起養育兒子的責任。面對仍嗷嗷待哺的孩子，婦人為了撐起這個家，看起來相當辛苦。

　　村裡的人們看見她這麼命苦，都非常同情，有人更建議她：「妳不如改嫁吧！不然妳怎麼養得活兒子呢？以後妳還不見得能靠他養老送終啊！還是快找個人嫁了吧！」

　　婦人聽完鄰居的勸說，只搖了搖頭，什麼話也沒說便回到屋裡去了。

　　婦人始終都不肯再嫁，努力地將兒子拉拔長大，到了他能自己走路時，母子倆便搬到一個小鎮上。

　　孩子長得很快，看著兒子長高長大，而且聰明好學，為了孩子的未來，婦人決定搬到大城市，讓孩子有更多的學習機會。

　　省吃儉用的她，努力地讓孩子讀到中學，又讓他上大學，而爭氣的男孩在學業有成後，決定要出國留學。

　　婦人聽了兒子的抱負後，也點頭支持，儘管她心中有著不捨，然而她只將情感放在心中，接著便四處籌錢，好讓兒子能實現夢想。

　　這個目不識丁的婦人，不懂得什麼叫環境造人的道理，她只有「一切都為了兒子好」的母愛天性。

　　這段故事，是著名的翻譯家傅雷在自傳裡述說的，一個關於母親給他的愛與支持的真實人生故事。

　　看著故事裡傅雷母親的奮鬥過程，雖然我們同時也看見了她情緒上的反應，但是當她盡力地發揮母愛天性之後，那些一時的情緒抒發，自然顯得微不足為道了。

　　如果你曾經觀察過母雞孵蛋的情況，你就會發現，牠們竟能不被農場主人的餵食吆喝聲所誘，讓人驚訝於母雞為了孵育下一代的毅力。

當我們回想起曾經聽聞的母愛故事，從那些為了子女而犧牲的母親身上，我們再次地證明了：「自然天性中最為珍貴的寶藏，正是母愛！」

　　從遠古的孟母三遷故事，到今日被喻為「現代孝子」的父母們，身為子女的我們，是否更應當時刻反省，對於至親們的關愛與用心呵護，自己是否曾將之視為「理所當然」，是否曾時刻提醒自己要知道反哺？

行動後自然能找到方向

 沒有行動就沒有方向可言，無論我們腦海中的座標如何清晰，沒有實際向前划行的動作，終將被浪潮沖往更遠的孤島。

狄摩西尼曾說：「沒有做法的想法，只是廉價和空洞的想法。」

不論你有多麼了不起的想法，如果缺乏實際的做法努力將它實現，那麼這種「想法」，充其量只是毫無任何價值的空想。

別讓完整的未來計劃空轉，你看，每個人一開始的目標不是都一樣嗎？但為什麼最後的結果會有如此大的差異呢？

那是因為，當開始「行動」的人積極前行，只流於「空想」的人仍然在原地踏步，結果當然會出現極大的差異了。

這天，一群漁民們一如往常地將漁網撒下，然後靜靜地等待豐收時刻。

過了一會兒，他們用力地拉起了漁網，沒想到一隻魚也沒有捕到，只捕到了一只玻璃瓶子。

有位漁民氣憤地說：「又是垃圾，現在的人怎麼這麼沒有公德心！」

只見另一位漁夫彎下了腰，仔細地看了瓶子，忽然對其他人

說：「咦？瓶子裡似乎有東西！」

於是，他拿起了瓶子，並將瓶子裡的「紙張」拿了出來。

他打開了紙張，接著一字一字地唸給大家聽：「有誰來救救我啊！我困在這裡，大浪將我沖到了一個無人島上，我現在站在岸邊，等著人們來救救我，請你們看見這張紙後，快來救我啊！我在這裡！」

有位漁夫聽完後說：「上面沒有日期，現在去救他，大概來不及了吧！我認為這個瓶子可能在海上漂流了夠久了。」

另一個漁夫也說：「是啊，地點沒標明，我們怎麼知道哪個海洋啊！」

而讀求救信的這位漁夫則說：「我想，應該不會太遲，也不會很遠，因為海洋上到處都有名叫『這裡』的小島啊！我們快點想一想。」

幾個漁夫仔細地望著大海，認真地想了又想，但是他們怎麼也想不出來，無人島到底在何方。

從漁夫們的冷漠態度中，我們很快地便被導向現代社會來深思，因為關於人與人之間的冷漠，不也經常發生在你我的身上？

看著漁民們一人一句，竟然不是在討論怎麼展開救人的行動，而是推拖「不知道」小島的方向，甚至最終因為「想不出」該從哪個方向前進，而放棄了救援行動，於是，我們也看見人們「事不關己」的冷漠慣性。

到底小島的方向在哪裡？到底我們應該用什麼樣的方法或姿態伸出援手？再者，意外發生時，在我們心中所盤繞著的，到底是什麼樣的態度呢？

就像故事中的漁夫們，他們一定知道海洋上有哪些無人島，只是他們想不想行動罷了，就像我們遇見「與我無關」的意外時，多數人都抱著「別多管閒事」的態度，因爲現實社會中，多數人凡事都從「自己」出發，讓現代人越來越發冷漠自私。

　　小島的方向眞的找不到嗎？

　　其實答案是否肯定，在每個人的心中早已有譜，只是深入故事中的旨意，即使答案已經決定，我們不妨再次深省，從「光說不做」中找出的答案，眞的會得到最正確與最好的結果嗎？

　　沒有行動就沒有方向可言，無論我們腦海中的座標如何清晰，沒有實際向前划行的動作，終將被浪潮沖往更遠的孤島。

不要被過多的期望牽絆

簡單果決地掌握住自己的需要，

並確實地將精神集中在一個目標上，

然後我們才能慢慢地讓心中

每一個夢想都達到高峰。

機會總出現在最容易被忽略的角落

生活不是由一件又一件的大事所組成，由一件件看似微不足道的小事慢慢堆築而成，看似繁瑣其實條理分明。

我們經常忽略生活中許多細微且瑣碎的事，正因為我們的輕忽，而讓隱身於細瑣雜事中的機會，一次又一次地與我們擦身而過。

其實，每個人擁有的絕佳機會並不多，因此我們經常得藉由那些無關緊要的小橋，一步步地通往成功的彼岸。

別再輕易地略過身邊的微小事物，因為在那之中，有許多都是我們嫁接成功的重要枝幹。

小蘭是一所大學裡的校花，追求她的人接踵而至，多到難以計數。因她為經常出現在圖書館，因此，有越來越多的男同學固守在圖書館內，等待她的芳蹤。

夏日的一個午後，小蘭正端坐在閱覽室裡安靜看書。

忽然一個驚雷聲響，小蘭心想：「糟了，快下雨了！」

沒有帶雨具的她，擔心再晚一點，雨勢恐怕會變大，便無法回家了，於是急急忙忙收拾好書籍，奔跑到門口。

就在她來到圖書館門口時，一陣雷鳴再又響起，緊接著雨開

始落下，而且在她踏出門口前，雨勢忽然變大了起來。

　　這突如其來的大雨，讓所有學生全都困在門口，動彈不得。

　　忽然有個人衝進了雨中，在一群人的驚嘆聲中，這個身影竟又渾身溼透地折了回來，而在他懷中多抱了一件雨衣。男孩抖著身子，逕自走向小蘭的面前，並爲將雨衣披上她的肩。

　　幾年之後，小蘭決定嫁給了這個傻小子，人們看著平凡相貌且背景清寒的男子，都忍不住嘆息著：「她怎麼選擇了他呢？」

　　小蘭聽見人們的質疑時，微笑地說：「試想，一個肯爲我淋雨，並爲我尋找雨衣來保護我的人，一定懂得愛我，就這一點便值得我託付終生了。」

　　當小蘭說出這段話後，不少仍癡心愛慕她的男子，無不頓足，他們很懊悔當年怎麼沒有料想到這一點，而輕易地錯失了佳人。

　　看著故事中捶胸頓足的懊悔者，看著緊握機會而成功擁抱佳人歸的男子，我們再次從小事例中證明，機會總是出現在別人最容易忽略的時候，成功者也總是在人們意料之外嶄露頭角。

　　進入我們急於成就的未來與理想，我們也赫然發現，許多成功者不正是抓緊了你我沒有發現的暗處機會，也在我們對其表現仍抱著嗤之以鼻的態度時，紮紮實實地綻放成功光芒？

　　生活不是由一件又一件的大事所組成，人生也不是在一個又一個的大浪中高漲，我們的過去與未來，是由一件件看似微不足道的小事慢慢堆築而成，看似繁瑣其實條理分明。

　　何不學學故事中擄獲佳人心的男子，學會辨識躲在角落的機會，並用心地經營每一個平淡無奇的絕佳契機。

不要被過多的期望牽絆

簡單果決地掌握住自己的需要，並確實地
將精神集中在一個目標上，然後我們才能
慢慢地讓心中每一個夢想都達到高峰。

　　莎士比亞曾經寫道：「想要成功，就必須在對的時機做對的
事。」

　　所謂「做對的事」，其實就是採取明智的行動。

　　有人說，人生就是種種選擇的結果。凡事有得必有失，很多
時候，你必須懂得取捨，做出最好最正確的選擇。

　　希望能成就大事的人，不能太過隨心所欲，對於過多的慾望
我們不僅要克制，更要懂得果斷割捨。

　　如此一來，我們才能真正地主宰自己的心靈，也才能明確地
看見並掌握自己的未來方向。

　　有個好勝心極強的年輕人，為了成為最有學問的專家，也為
了能超越身邊的同儕，因而相當努力。

　　非常勤奮的他，各方面的表現都非常出眾，唯獨學業成績始
終都不見突破，為此苦惱不已的他，在朋友介紹下，決定去向一
位大學問家求救。

　　當大師聽完年輕人的苦惱後，說道：「你和我一塊兒去登山

吧！當你到達山頂後，就知道該怎麼做了！」

走在山林間，年輕人發現沿途有許多晶瑩剔透的小石子，十分美麗。大師見他喜愛，便對他說道：「孩子，喜歡的話就撿起來吧！」

只見年輕人撿起了石頭，放進他身後的袋子裡。由於他一路地撿拾，幾乎每顆石頭都想佔有，很快地，背包越來越沉重。

年輕人忍不住發牢騷說：「大師，我實在走不動了，因為我的背包越來越重，再這樣下去，別說是山頂，我恐怕連半山腰都到不了啊！」

大師笑著看著他，淡淡地說：「嗯，這樣的確辛苦，那該怎麼辦呢？」

年輕人想了想，喃喃地說：「要放下嗎？」

大師看著年輕人不捨地望著背包裡的石頭，又問：「為何不放下呢？背著石頭怎麼登山呢？」

年輕人聽見大師這麼問著，心中忽然一亮，抬起頭，認真地看了大師一眼，接著他行了一個大禮，並向大師說：「謝謝，我明白了！」

然後，年輕人放下了背包，轉身往山下走去。

從此，年輕人不再心有旁鶩，一心只專注於「學問」的方向上，當然他自許成為「學問淵博」的學者目標，很快地就達成了。

歌德曾經這麼說：「遊戲人生的人必定一事無成，無法主宰自己的人，永遠只能當個奴隸。」

人們之所以經常失敗，其中最重要的原因是：「不懂得掌握自己，以及無法果斷地下決定有關。」

看著故事中的年輕人，我們不妨也反省自己，是不是經常在做決定時三心兩意，或是在往前奔跑時，貪心地選定了許多夢想目標，並且充滿龐大的慾望，企圖全部達成呢？

　　每個人的能力都是有限的，當年輕人將美麗的小石子一顆又一顆地塞入背包時，我們也預見了他將被過多負載拖累的景象。

　　學會部份捨棄，然後我們才能完整得到，這是人生的禪思，也是生活的常識。簡單果決地掌握住自己的需要，並確實地將精神集中在一個目標上，然後我們才能慢慢地讓心中每一個夢想都達到高峰。

對生命負責的人對生活必有堅持

堅持負責的態度，最終我們都將收到甜美
的結果，只要多一份認真執著，最終我們
都獲得完美人生的肯定與支持。

　　你還在汲汲營營於物質層次的報酬，讓自己的心靈滿是負擔嗎？記住科學家愛因斯坦說過的話：「有不少人不追求那些物質的東西，他們追求理想和真理，從而得到內心的自由和安寧。」

　　改變生活態度，便能改變一個人的命運。

　　在人生的道路上，每個人都很努力地打造著成功的鐵鍊，問題是，因為每個人面對生命的態度不同，所以也因為每個人承受艱難的耐力不同，最終打造出來的成功之鍊，究竟是條易碎的玻璃鍊，還是堅實耐操的鐵鍊，就有待時間的考驗了。

　　有個老鐵匠打造的鐵鍊相當牢固，雖然他自製的產品十分精良，然而個性木訥的他，卻因為不善言詞，以致於鐵鍊的銷售量一直都很差，收入勉強足夠餬口而已。

　　有人曾建議他偷工減料：「老鐵匠，你用的材料那樣紮實，售價又那麼便宜，根本不敷成本啦！」

　　老鐵匠聽見人們這麼好心建議，一點也不以為意，只是笑笑地回答說：「沒有關係啦！」

老鐵匠沒管那麼多，仍然堅持將鐵鍊打得結結實實地。

有一次，船商請他打了一條輪船用的巨鍊，好讓他們裝在新造好的海輪上，做為這艘船的主錨鍊。

有天晚上，颶風來襲，海上風暴驟起，風急浪高，輪船在大浪裡載浮載沉，隨時都有可能撞上礁石，船長見情況危急，為了安穩船身，於是立即將船上所有的錨鍊全部放下。

但是，沒想到其中有許多鐵鍊就像紙做的一樣，一點用處也沒有，當大浪用力地甩動了幾下，那些鐵鍊竟幾乎全都被甩斷了。

忽然，船長想起了老鐵匠精心打造的鐵鍊，於是立即命令水手們趕緊將主錨鍊拋下海去。

一夜過去了，船上一千多名乘客與各種貨物，總算安全部安然地渡過了這場風暴，而護守他們渡過這個難關的，正是那唯一的一條鐵鍊，那個由老鐵匠親手打造的堅如磐石的鐵鍊。

靠著這只巨手般的鐵鍊，他們熬過了一夜的風浪，等到了黎明，當朝陽初升時，全船的人都忍不住熱淚盈眶，歡騰不已……

看著鐵匠對於鐵鍊品質的堅持，我們也看見了一個人對於自己生命的認真態度，與對小我乃至於大我的責任堅持。

反觀，分別扮演著不角色的你我，對於社會責任的認知，與個人利益需求時的取捨態度，有多少人能像故事中的老鐵匠一般，自始至終都有著堅強的執著，有著對於人生負責的堅持呢？

不要因為慾念而敷衍了事，因為堅持負責的態度，不論未來怎麼發展，最終我們都將收到甜美的結果，只要多一份認真執著，最終我們都獲得完美人生的肯定與支持。

每個人都只有一個今天

只要我們能把握住「當下」，那麼我們便
已同時掌握住了昨日、今天與明天。

　　我們不必為錯過的太陽而哭泣，因為已逝的過去肯定無法挽
回，我們只需牢牢把握住現在。

　　雖然此刻已是夕陽西落，但別忘了明天朝陽，很快地便會重
升，只要我們能緊緊地握住此刻，即使夕陽已落，那落日的餘暉
仍然會長存心中。

　　有位哲學家在造訪古羅馬城時，在一座廢墟裡發現了一尊雙
面神。

　　然而，這位被喻為學貫古今的哲學家，面對著這尊神像，卻
怎麼想也想不起來，祂具有什麼樣的代表性或特殊性。

　　於是，他忍不住上前，向這個怪異的雙面神請教：「請問神
明，您為什麼一顆頭會有兩個面孔呢？」

　　只見雙面神正對著哲學家的這面說道：「這樣才能一面查看
過去，以記取教訓，同時也一面瞻望未來，給人無限憧憬。」

　　哲學家聽完後，卻不解地問：「為什麼只看過去和未來呢？
你為何不注視最有意義的現在？」

雙面神一聽，兩面皆茫然地叨唸著：「現在？」

哲學家發現雙面神似乎不解，於是他解釋道：「就是現在！其實，過去是現在的逝去，而未來則是現在的延續，你既然無視於現在，那麼你對過去瞭若指掌，對未來也能洞察先機，又有什麼意義呢？」

雙面神聽完哲學家的說明，竟忽然號啕大哭了起來，哽咽地說：「原來，原來是我沒有把握住現在，以致於羅馬城才會被敵人攻陷啊！因為我錯誤的態度，讓人們再也不相信我，而將我獨自丟棄在這個廢墟中啊！」

雙面神為了能查看著昨日，刻意增添了另一個觀望昨日的面孔，也為了能滿足人們預知的慾望，以便及早發現明天將會發生的事，而讓另一面只專注於明天。

直到哲學家當頭棒喝地提醒祂：「那，當下呢？」祂這才醒悟過來。

那你的「當下」呢？

你是否也像雙面神一般，浪費了許多時間在懊悔昨日之非，更浪費了過多的「此刻」尋找明天的預言呢？

「活在當下」的意義，其實不只有今天而已，所謂的「當下」其實包含了已逝的昨日，更包含了即將到來的明天。換句話說，只要我們能把握住「當下」，那麼我們便已同時掌握住了昨日、今天與明天。

守株待兔只會讓生命空轉

 不管厄運或幸運，始終都不會太長久，因
為在循環不已的生命過程中，最終操控你
我未來的人，一直都是我們自己。

一個習慣守株待兔的人，當然無法品嚐到豐收時的真正滋味，
只想坐享其成、不勞而獲的人，永遠也等不到成功的結果。

有位探險家在森林中看到一位老農夫，正坐在樹下輕鬆地抽
著煙斗。探險家看著神情相當愜意的老農夫，忍不住向他打聲招
呼：「您好啊，請問您在做什麼呢？」

這位老農夫回答：「喔，沒什麼，我在等待奇蹟發生！」

探險家一聽，連忙追問道：「奇蹟？您怎麼知道會有奇蹟？」

農夫笑著說：「我當然知道了，你知道嗎？我有一次正要砍
樹時，竟忽然颳起了一陣強風，那陣強風把樹上的葉子和一些脆
弱的樹枝颳落，那可省了我不少砍樹的力氣呢！」

探險家驚嘆地說：「您真是幸運！」

農夫笑了笑，接著又得意地舉證：「你說得沒錯，我真的很
幸運，因為還有一次，就在我準備要將乾草點燃焚燒之時，暴風
雨中的閃電竟然正好擊中了乾草堆呢！」

探險家再又驚奇地說：「真是奇蹟！」

接著他又問：「那您現在準備做什麼呢？」

只見農夫一派輕鬆地回答：「我正在等待一場地震！」

探險家一聽，吃驚地問：「地震？」

農夫一副理所當然地回答：「當然是地震啊！不然，馬鈴薯怎麼從地底自動翻出來呢？」

看著老農夫連連驚呼奇蹟之時，也許有人會為他感到擔心，擔心他恐將慢慢地失去求生的鬥志與能力。從他「只想等待」的工作態度中，我們也從他的身上，發現了日漸增長的生活惰性，與慢慢消失的積極活力。

更何況，當地震發生時，說不定不僅沒將馬鈴薯輕輕翻轉出來，反而是一個大翻轉，將農夫的生命從此覆蓋了啊！

我們要謹守踏實的生活態度，就像趨勢大師梭羅曾說的：「成功者不會守株待兔，他們會從前人的生敗與成功過程中，積極地獲取經驗，用以提升自己的成功機率。」

或許，每個人都有相同比例的命運和機會，但我們可以肯定一件事，那便是不管厄運或幸運的發展，始終都不會太長久，因為在這個循環不已的生命過程中，最終操控你我未來的人，一直都是我們自己。

學會享受生活，別太斤斤計較

不斤斤計較付出與得到的人，因為比別人
更懂得生活的滿足，他們更能享受生活的
快樂，並獲得成功。

　　總是盲目地追逐物質或金錢中的人，都以為必須從這些物質
財富中才能享受真正的人生。但是，我們卻也經常發現，急於追
求這些東西的人，生活似乎經常未如預期。

　　農場主人一大早就出門了，要去找幾位葡萄園工人。

　　來到街道上，他與幾個工人們談好一天一個金幣的工資後，
便請工人們到葡萄園去工作。

　　第一批工人工作了三個小時後，農場主人又出門了，然而當
他看見街上有幾個人無事可做的模樣，便好心地上前詢問：「你
們要不要到我的葡萄園工作？一天我會付你們一個金幣！」

　　這幾個人一聽點了點頭，便立即前往葡萄園去。

　　接下來，每隔三個小時，農場主人分別又找了兩批工人到園
區幫忙，薪資同樣是「一天一個金幣」。

　　就在傍晚時分，農場主人再次出門去了，又找了一批無事可
做的人回到葡萄園工作。

　　只見葡萄園裡的工人們忙進忙出，非常熱鬧，而且每個人都

相當開心地工作著，直到休息時間到了。

晚上，農場主人對管家說：「你可以去叫工人們休息了，並將工資發放給他們，你從最後加入的工人發到最先開工的人。」

就在這個時候，第一批工人發現最後才加入的工人，竟然與自己拿了相同的工資，臉上出現相當不悅的神情。

第一批工人一拿到錢時，便立即提出抗議：「那些人才工作一個小時而已，你怎麼能把他們與我們辛苦一整天的人同等看待呢？這很不公平耶！」

農場主人一聽，微笑地說：「朋友，我並沒失信，也沒有虧待你啊！我們一開始便說好一天一個金幣，不是嗎？為什麼你不肯拿走你『應得』的東西呢？至於我付給其他人多少工資，那是我和他們的協定，我只是在履行我的承諾而已，有什麼不對呢？」

面對目前的工作，你開心嗎？

不開心的話，是因為什麼原因呢？

看完了故事，我們何不靜下心想想，面對眼前的生活與工作，我們心中的不滿情緒到底是因為什麼？是像故事中的第一批工人一般，感覺待遇不合理而心生不悅嗎？

其實，農場主人之所以在不同時段分別找了幾批工人，目的是為了讓那些還在等待工作的人都有收入，儘管支付酬勞的方式不合情理，但出發點並無可議之處。深入探究，我們更可以知道，農場主人是個宅心仁厚的人，他真正需要的工人數目，恐怕只是第一批，但為了照顧那些還在等待工作的工人，才會每隔三個小時上街頭一次。

在這種情況下，從第一批工人到最後一批工人，每個人都擁

有著一個最重要的共通利益，那就是他們都是從「無工作」到「有工作」，如果農場主人沒有請他們幫忙，第一批以後的工人恐怕要街上虛渡一天。

看著第一批工人計較著與最後一批工人收入相同的不平，我們是否也該反省自己是不是不懂得以更寬闊的視野看世界？

別再抱怨了，現實生活中經常是付出多而收入少的成功者，不斤斤計較付出與得到的人，因為比別人更懂得生活的滿足，因此，他們更能享受生活的快樂，並獲得成功。

生命活力是我們最大的財富

只要我們的生命力還在，只要能極積生活，我們這對具有創造力的雙手，一定能為我們爭取到夢想的財富。

所謂「留得青山在，不怕沒柴燒」，生命是人類最大的生活資本，像是具有創造財富的雙手，像活力四射的蓬勃生命力。

只要生命機器仍能運轉，也仍然能有積極的作為，那麼最終結算時，累積的利潤必定會超出預期。

有個整天眉頭深鎖的年輕人，一直抱怨自己運氣不濟，老是發不了財。

有一天他遇見了一位滿頭白髮的老人，老人家一看見年輕人，一副垂頭喪氣的模樣，關心地問：「年輕人，為什麼不開心呢？」

年輕人發現有人關心，立即牢騷大發，對老人說：「唉，我真不明白，為什麼我這麼窮？」

老人家一聽，竟笑著說：「呵，有嗎？你窮嗎？我認為你很富有啊！」

年輕人聽見老人這麼，滿臉不高興趣質問：「我哪裡富有？」

老人家笑著問：「這樣吧，如果你願意砍下一根手指頭，我就給你一千元，但你願意嗎？」

年輕人吃驚地看著老人家，接著說：「當然不要了！」

老人家接著又問：「喔，那如果你現在可以立即變成八十歲的老人，並得到一百萬元，你願意嗎？」

年輕人用力地搖了搖頭，說：「當然不願意了！」

「是嗎？那如果有人願意出一千萬，換你的一條性命，你願不願意交換呢？」老人家又問。

年輕人一聽，滿臉不悅地說：「這怎麼可能願意！」

老人聽完年輕人的反駁，便笑著說：「這不就對了，將以上錢財累計一下，你可是擁有了一千萬以上的財富啊，年輕人！」

年輕人聽見老人家的這番話似有所悟，因為他微微地笑了。

年輕人一再抱怨「為什麼我這麼窮」，這句話相信許多自認失意的人都曾拿來仰天質問！只是怎麼樣才算貧窮呢？是口袋裡沒錢才算貧窮，還是精神困乏才是生活上的貧窮指標呢？

故事中，老人家引導著年輕人，重新整理並糾正他對貧窮所下的定義，然後我們也從中思辨自己對於個人財富的偏執認知，明白「自己」的價值是金錢萬萬不及的。

萬事萬物其實全環繞著我們「自己」，我們應該以自己為中心軸，讓我們的生命活力無限伸展，然後我們才能將自己以外的財富或珍寶，全部帶入我們的世界中。

擁有生命，才是擁有財富的起點。

一千萬存入你的帳戶裡，然後換你一條命，你願不願意？

千萬要記住，只要我們的生命力還在，「一無所有」四個字就不屬於我們，只要能改變心態極積生活，我們這對具有創造力的雙手，一定能為我們爭取到夢想的財富。

分秒必爭，因為時間無法倒轉

能夠充分地利用、珍惜一分一秒的人，他
們每一個跨出的步伐，絕對都會是成功
的！

　　七十五歲那年，德國詩人作家歌德寫下：「我這一生確實很
辛苦，即使到了今天，我仍然不知道什麼叫好日子，因為，每當
我看見山上的石頭，不斷地，不斷地滾到我的面前，那迫使我必
須永無止盡地將石頭往上推，總之，我必須分秒必爭！」

　　歌德知道時間是無法倒轉的，因而以積極進取的態度善用時
間，努力寫作，終成一代文豪。

　　據說，大文豪歌德共花了六十年的時間完成《浮士德》一書，
就在完成這部經典鉅著之時，溫克爾曼曾問他：「歌德，你能不
能用一兩句話，來概括全書的主旨呢？」

　　歌德沉默了兩秒，接著回答：「自強不息者終能得救！」

　　這句話是當浮士德靈魂升天時，天使傳來的話語。

　　非常珍惜時間的歌德，有一次對於兒子所引用的一句時間觀
念十分不苟同，而狠狠地教訓了孩子一頓。

　　他的兒子是這麼說的：「有人說，人生只有兩分半的時間，
一分鐘微笑，一分鐘嘆息，半分鐘愛戀，而人們最終將在這愛戀

的時刻裡死去。」

　　歌德聽見兒子引用這樣的字句後，十分不悅，因為他認為，這段話傳遞出來的人生態度非常不嚴謹。

　　於是，他寫了一段文字給兒子：「孩子，一個鐘頭約有六十分鐘，所以，一天便超過了一千分鐘，明白這個道理之後，你便可以知道，一個人能對這個世界做出多少貢獻了。」

　　正因為這樣的時間觀念，讓歌德分秒必爭地工作著，直到八十四歲那年，臨死之前，他仍然伏在案上寫作。

　　歌德曾語重心長地對他的兒子說：「孩子，你要牢牢地抓住現實生活，堅持不懈啊！無論什麼情況，無論時間多寡，生命都有著無限的價值，更是永恆世界的代表。」

　　能有效地管理時間，我們才能充分地運用極其有限的時間，不致於浪費了一分一秒。

　　就像我們都知道的，時間之輪不斷地往前轉動，然而時針與分針的挪移不是非常明顯，經常讓我們有心忽略或懶得理睬，以致於我們經常不在意秒針積極地往前推移的微妙動作！

　　有一位成功的投資專家曾說：「每天比別人早起二個小時，我就比別人多了二個小時可運用。」

　　聽完專家如此自我鞭策時，仍然抱著「睡到自然醒」的人們，不知道有沒有被刺激，並開始自我反省？

　　成功與時間是共生的，兩者相輔相成，不知道如何有效率地利用時間的人，成功機率自然很低。

　　反之，能夠充分地利用、珍惜一分一秒的人，他們每一個跨出的步伐，絕對都會是成功的！

拋開名聲，
才能享受人生

一夜成名、一夜致富很快地都會轉眼成空。

拋開名聲，你才能保有自我與生活空間，

也才能自由自在地享受人生。

拋開名聲，才能享受人生

一夜成名、一夜致富很快地都會轉眼成空。拋開名聲，你才能保有自我與生活空間，也才能自由自在地享受人生。

那些歷久不衰的名人眞正留下來的，從來都不是成功的光芒，而是他們成功的經驗與分享。

正因爲如此，人們永遠記住關於名人的事物，並不是名人們的特殊容貌，而是他們傳授的成功啓示。

在波士頓劍橋市的哈佛大學廣場上，有一尊象徵「哈佛精神」的銅像。

每一年的畢業生，都必須在這個銅像前舉行畢業典禮，表示對這位功績卓著的教育家的敬意，並宣示自己將遵照創辦人的理念，爲社會服務。

不過，讓人意外的是，據說這座銅像不是哈佛先生的人像，而是哈佛先生一位從事醫學工作的摯友。

原因是，淡泊名利的哈佛在生前並沒有留下任何清晰的形象，在那個喜歡留下自己肖像的年代，似乎是有點刻意地避開。

但是，這卻無損於人們對哈佛先生的敬意。雖然人們找了哈佛友人的樣貌，然而就像許多人所說的：「我們尊敬的是他的精

神，而不是崇拜他的模樣，所以，不是本人又有何妨？」

人們一點也不介意這個「美麗的欺騙」，甚至有人認為，這更表現了哈佛先生的精神———一種灑脫、率真的人生態度。

在這個年代，有名氣的人都喜歡留下影像。許多人一小有名氣，便急著將自己的臉放到螢光幕前，或是展露在報紙雜誌與書頁間。

對他們來說，儘早展示自己的身分地位，便能享受名聲的光芒。即便在街頭巷尾走一段路得花上一個小時，他也會說：「再累也值得。」

然而，真的再累也值得嗎？

名聲是最容易讓人迷失的東西。在這個以名利為價值重心的年代，年輕人拚了命地增加自己的「曝光率」。在這些閃爍的燈光下，有多少人知道自己擁有什麼樣的能力與價值，來擁抱他渴求的「名聲」？

一夜成名、一夜致富的觀念，並不會帶給人真正的名聲地位，沒有經過累積的財富，很快都會轉眼成空。

還是學學哈佛先生吧！拋開名聲，你才能保有自我與生活空間，也才能自由自在地享受人生。

用點技巧，可以更快達成目標

 命令式的要求，容易遇到反抗與挫折，不妨也用「哄小孩」的技巧，讓合作的伙伴，先嚐些甜頭，自然阻礙就會減少些。

在這個強調個人主義的時代，要讓其他人接受你的意見，並答應配合，就需要一點不同的溝通技巧。

別急著用心情做決定，試試看「投其所好」的方式，自己先付出，也許收穫會加倍也說不定！

有個八歲的小女孩，剛被父母從鄉下接回家來住。

由於成長環境的關係，小女孩的動作非常粗野，動不動就滿口粗話，不開心時，還會倒在地上打滾。

父母親看了都非常受不了，卻一直管教不了她。

剛開始時，小女孩的父親決定以體罰的方式教訓她，沒想到卻適得其反，女孩反而更變本加厲地反抗、撒野。

打也打了，罵也罵了，母親改用溫和的勸說，仍然一點幫助也沒有，他們最後只好放棄了。不過，自從老師造訪之後，女孩的言行舉止，居然奇蹟似地完全改變。

原來，老師拜訪的這一天，帶來了一件白色洋裝。

「好漂亮的洋裝喔！」小女孩一看見這件洋裝，兩隻眼睛立

即發了光。

老師笑著說：「很漂亮喔！」

女孩點了點頭，老師又說：「送給妳好不好？」

女孩瞪大了眼睛，不敢相信地問：「真的嗎？謝謝老師！」

只見她一把抱住了洋裝，恨不得立即換上。

老師把她叫到面前，叮嚀著：「穿上了它，妳就要淑女一點囉！不然，美麗的衣服很快地又要變髒變醜了，那妳就再也沒有漂亮的衣服可以穿了。要好好地愛惜它，知道嗎？」

女孩認真地點了點頭，然後輕輕地抱著衣服，回到房裡更換。

當她再走出來時，她的父母親簡直不敢相信，眼前這個女孩是他們潑辣的女兒。小女孩的步伐變輕了，臉上還堆滿了甜美可人的微笑，這是女孩回家後，第一次出現的美麗微笑。

從此，女孩真的改變了。現在她發起脾氣，只會嘟一嘟嘴，而不再會在地上撒野打滾。說話的方式也改變了，不再粗聲粗氣，胡亂罵人。她斯文秀氣的模樣，可說是人見人愛。

這正是投其所好的方法，只要捉住小女孩的心，她自然會乖乖聽話。就像用糖果哄小朋友一樣，我們不也經常用一顆糖換一刻安靜？只要能投其所好，我們自然能捉住對方的心，改變他的心意，正如一件洋裝最後改變了一個小女孩的個性。

看似適用於兒童世界的方法，其實也非常適用於你我的生活之中！當你希望達到某個目標前，別急著要求人們的配合。命令式的要求，容易遇到反抗與挫折，不妨也用「哄小孩」的技巧，讓合作的伙伴，先嚐些甜頭，自然阻礙就會減少些，那麼便能輕輕鬆鬆地與他們牽手共進！

再忙，也要撥出一點休息時間

工作時，我們幾乎只能顧到眼前的事務，只有在休息時，才有足夠的時間想像與思考問題。

我們需要多少時間，才算充足的休息呢？

其實，只要品質好的休息，即使只有二分鐘的打盹，十分鐘的放鬆，也能補足一天所需的活力。

羅蘭‧布爾是美國第一家電視遊樂器的創始人。當年他在成立阿塔利公司時，以「創意」與「幻想」為他的成功宗旨。

這位成功的企業家，在一場探討成功要訣的座談會上，說出了自己的成功秘訣。

他說：「白天我是一個企業家，為工作努力奮鬥，從早到晚忙個不停。然而，到了下班時間，看著昏黃的暮色，我立刻拋開工作時的忙碌情緒，讓自己沉浸在美麗的夕陽下，開始彩繪屬於自己的美麗天空。」

有人問：「這很重要嗎？」

羅蘭說：「非常重要，這個習慣讓我在遇到問題時，能夠冷靜克服。那些美麗的幻想與創意，對我的事業幫助甚多。工作時，我們幾乎只能顧到眼前的事務，只有在休息時，才有足夠的時間

想像與思考問題。」

　　又有人問：「如果問題必須立即解決，無法等到下班後呢？」

　　羅蘭笑著說：「那就善用你工作中的零碎時間吧！像是電話不再響起，也沒有人在後面催促時，你就有足夠的時間思考了，不是嗎？」

　　我們稱讚一個人像個「鐵人」，意指他可以不眠不休地工作，生活規律異於常人，卻一點也無損於他的表現。

　　但是，世界上真的有這樣的「鐵人」嗎？

　　當然沒有！

　　雖然有些人需要的睡眠時間不多，例如，拿破崙只需要睡四個小時，也能建功立業，但別忽略了，他仍然有四個小時的休息時間呢！

　　無論如何，你一定要撥出休息的時間，沒有人可以全年無休。

　　不要拿身體來挑戰極限，適度的休息，才有足夠的體力持續不斷地前進。休息過後的步伐，才能更加穩健踏實，每一步都成為成功的步伐！

就算跌倒也一定有收穫

目標無法達成時，別忘了仔細檢查一路走
來的累積，只要盡心盡力爭取、努力過，
我們都能從中獲得一定的收穫與成長。

如果你能從每一次的失敗中，獲得某些別人沒有的教訓或啟
發，那麼你就不算全然失敗。

每次生命中的啟發就是你最大的收穫，好好汲取教訓，累積
經驗，終有雲開霧散的一天。

在講堂前，有一群虔誠的弟子，正專心地聆聽老和尚的教誨。
開示結束後，老和尚叫其中幾個弟子留下。

老和尚對他們說：「現在，你們到南山那兒，各自砍一擔柴
回來。」

弟子們聽到命令後，立即往南山的方向前進。只是，當他們
來到南山前，卻遇到了一個阻礙，一條必經的河流居然暴發了洪
水，湍急的水流滾滾流瀉，如此危險的情況，即使膽子再大的人
也不敢輕易拿生命去拚搏。

「我們肯定沒辦法完成師父交代的任務。」其中一位弟子說。

其他人也同聲附和，於是有人提議：「那我們回去吧！」

他們無功而返，每個人的臉上都有些垂頭喪氣。老和尚見他

們兩手空空回來，問明原因後，只好說：「也沒辦法了。」

　　然而就在這個時候，有位小和尚卻上前說：「師父，雖然我過不了河，也打不了柴，不過我看見河邊有棵蘋果樹。」

　　只見他拿出一顆鮮紅的蘋果，遞給老和尚說：「我便順手將樹上唯一的一顆蘋果摘了下來。」

　　老和尚看著這個小和尚，笑著說：「孺子可教。」

　　後來，老和尚的衣缽傳人，正是這個摘下蘋果的小和尚。

　　為什麼是小和尚呢？

　　那顆蘋果又代表什麼樣的意義呢？

　　因為，只有這個小和尚懂得「絕處逢生」的意涵。如果自己的悟性不夠，只看得見眼前的困境，卻看不見身邊的契機，如何能開導他人？

　　此外，這顆蘋果還有另一個意涵，那便是小和尚要讓老和尚知道，他真的有到南山前，只是突然遇到狀況，才無法完成任務。

　　一顆蘋果兩層意義，他都想到了，當然他的悟性比其他空手而回，滿臉頹喪的人要高出許多囉！

　　目標無法達成時，別忘了仔細檢查一路走來的累積，只要盡心盡力爭取、努力過，而不是渾噩地追逐，我們都能從中獲得一定的收穫與成長。

要求別人，不如要求自己

不要只知推卸責任，生活是你的，人生的
路也是你選擇的，真正要負起責任的人，
不是別人，而是你自己。

每個人的人生，都應該由自己決定，後果也應該自行承擔。

只要懂得命運掌握在自己手裡，你就努力要求自己，不會因為別人不願伸出援手而氣憤不平。

求人不如求己，時時刻刻都能未雨綢繆累積實力的人，才能輕鬆地解決所有的突發事件。

雖然洪水橫阻在前，但那些懂得掌握自己人生方向的人，不管水流多麼湍急，都能輕鬆渡過。

有個路人經過一座城堡附近時，不幸被一群強盜洗劫一空，這座城堡正是皇帝居住的地方。

於是，這個人便進入城堡內，想向皇帝討個公道。

他向皇帝哭訴：「君王啊！您知道那些強盜們，公然在您的地盤上行搶嗎？那個被搶的人，正是我啊！」

皇帝看著他，卻問：「那你為什麼不做好防備呢？」

路人說：「防備？我怎麼料得到，他們居然會在您的腳下行搶呢？」

挫折越多，越要勇往直前

機會總是出現在你正在遲疑的最後一步，
只要你能在遲疑的當下，毫不猶豫地踏出
去，成功就是你的了。

遭遇困難時，多給自己多加油打氣吧！

千萬不要因膽怯而裹足不前，喪失機會。

因為，成功的要訣只有一個，就是要「勇往直前」。

生物學家曾經做過一個有趣的實驗，他們將鰷魚與鯪魚放入
同一個玻璃器皿中，再用透明的玻璃板把牠們隔開。

剛開始時，鯪魚一看見鰷魚，便猛力朝著鰷魚的方向進攻，
似乎想一舉捕獲美味的鰷魚，好好地飽餐一頓。然而，在玻璃隔
板的阻擋下，牠不僅一條魚也沒吃到，更在多次的「撞牆」動作
之後，開始暈頭轉向。

在幾十次的碰壁之後，鯪魚終於放棄了攻擊。

這時生物學家將玻璃板輕輕地抽走，接下來他們有了新的發
現。每當鯪魚來到原來有阻隔的地方，便停了下來，眼睜睜地看
著肥美的鰷魚，在牠的面前悠哉地游來游去。

甚至有一次，一隻肥美的鰷魚不經意地越過了「界」，尾巴
還不小心輕拂了鯪魚的鰓邊，但是鯪魚居然全都無動於衷。

生物學家們從這個實驗中，得到一個結論：「經過多次的碰壁，鯪魚對鰍魚的食慾盡失，在害怕受阻、受傷的陰影下，牠已失去了進攻的信心。」

當我們嘲笑鯪魚的笨時，是否也警覺到一件事，原來「萬物皆同」，我們也不自覺地嘲笑了自己？

就像鯪魚一樣，許多人屢遭挫折之後，便開始心生恐懼，無法面對一次又一次的失敗打擊，最後當然也像鯪魚一樣，舉雙手投降，放棄前進。

然而這些人卻不知道，就在他們放棄的同時，阻礙也已經解除，他們放棄前遇見的那個困難，其實是最後一個。

雖然是最後一個，但是似鯪魚一般勇氣不足的人，已經沒有繼續前進的信心與勇氣。即使機會故意觸碰他們的身體，引誘他們來爭取，這些人卻仍然無法面對，寧願繼續躲回封閉的塔裡，眼睜睜地看著機會從眼前溜走。

你是否也像鯪魚一樣，遇見挫折，只會退縮呢？

機會總是出現在你正在遲疑的最後一步，只要你能在遲疑的當下，毫不猶豫地踏出去，成功就是你的了。

相互扶持才能創造雙贏

「群策群力」絕對比「單打獨鬥」更快取
得勝利，而「相互扶持」也絕對比「獨立
支撐」，更能贏得成功的錦標。

為什麼三個臭皮匠，勝過一個諸葛亮？

畢竟用「三顆腦袋」團結合作，將答案找出來，怎麼也比「一
顆腦袋」絞盡腦汁，來得有效率吧！

在一部動物的記錄片中，導演以感性的角度，深入探討象群
的生活。

荒原上的大象們成群結隊地出現，大象與小象之間的情感，
透過鏡頭的捕捉，有許多感人的互動。牠們無憂無慮地生活在原
野上，幸福和樂的氣氛，人們看了都非常羨慕。

然而，這個幸福歡樂的景象卻持續不久，不知道到底是什麼
因素，大象們一個個病倒了。

因為不能任意干涉自然生態的變化，導演與研究人員只能安
靜地繼續觀察。他們眼看著大象們一隻一隻地倒地，經過一段時
間之後，這個象群的數量已經減去大半。

大象只要一倒地，存活下來的機會，幾乎就等於零，因為體
內巨大的內臟將會相互壓迫，造成身體的二度傷害，加速死亡。

僅剩的十幾隻大象，全都堅強地站立著，最後終於掙脫了病魔。雖然，所有的大象們都康復了，然而卻有一隻小象一直無法恢復，眼看牠就要不支倒地了。

忽然，有兩隻大象走了過來，在小象即將倒下的那一刻，輪流用自己的身體支撐小象，牠們要幫助小象繼續活下去。

研究人員看見這一幕，都忍不住想要歡呼，還好他們克制了自己的情感，免得驚擾到象群。

就在鏡頭底下，「奇蹟」發生了，小象在大象們的支撐與呵護下，終於恢復了元氣，繼續與大象們一起走完這趟生命之旅。

詩人惠特曼曾說：「我們能成全他人，也能毀棄他人。互相幫忙能使人奮發向上，互相抱怨則會使人退縮不前。」

這段話不正是應證了故事中的象群嗎？

大象用自己的力量幫助小象，其中包含的意義，不只是小象存活還有大象們相互扶持，用以延續象群生命的深層意義。

以「萬物之靈」自居的人類，看到大象們無私的互助精神時，有多少人受到感動與啟發呢？

在你爭我奪的人類世界中，每個人都恨不得同伴跌落谷底，因為大多數人認為，只要減少一個敵手，晉升的機會便會多一些。

然而，事實上並非如此，聰明的人都知道，在生存的戰場上，少一個敵人，不如多一個朋友。

「群策群力」絕對比「單打獨鬥」更快取得勝利，而「相互扶持」也絕對比「獨立支撐」，更能贏得成功的錦標。

生活講義

140-1

不要讓心情決定你的人生 全集

作　　者	千江月
社　　長	陳維都
藝術總監	黃聖文
編輯總監	王郡凌
出 版 者	普天出版家族有限公司
	新北市汐止區忠二街 6 巷 15 號
	TEL / (02) 26435033 (代表號)
	FAX / (02) 26486465
	E-mail：asia.books@msa.hinet.net
	http://www.popu.com.tw/
	郵政劃撥 19091443 陳維都帳戶
總 經 銷	旭昇圖書有限公司
	新北市中和區中山路二段 352 號 2F
	TEL / (02) 22451480 (代表號)
	FAX / (02) 22451479
	E-mail：s1686688@ms31.hinet.net
法律顧問	西華律師事務所‧黃憲男律師
電腦排版	亘新電腦排版有限公司
印製裝訂	久裕印刷事業有限公司
出 版 日	2024 年 3 月第 2 版第 1 刷

ISBN◉978-986-389-911-2　　條碼 9789863899112
Copyright◎2024
Printed in Taiwan, 2024 All Rights Reserved

國家圖書館出版品預行編目資料

不要讓心情決定你的人生全集／
千江月編著.—第 2 版.—：新北市，普天出版
2024.3 面；公分. - (生活講義；140-1)
ISBN◉978-986-389-911-2 (平裝)
CIP◉177.2

普天之下・盡是好書

普天出版社
Popular Press